华东政法大学65周年校庆文丛

公共文化服务体制外人才队伍建设

以上海为例

甄　杰 / 著

社会科学文献出版社
SOCIAL SCIENCES ACADEMIC PRESS (CHINA)

本研究获得以下资助：

国家社会科学基金项目（项目编号：17BGL099）

上海市哲学社会科学规划课题(项目编号：2015BGL005)

崛起、奋进与辉煌

——华东政法大学 65 周年校庆文丛总序

2017 年，是华东政法大学 65 华诞。65 年来，华政人秉持着"逆境中崛起，忧患中奋进，辉煌中卓越"的精神，菁莪造士，械朴作人。学校始终坚持将学术研究与育人、育德相结合，为全面推进依法治国做出了巨大的贡献，为国家、社会培养和输送了大量法治人才。一代代华政学子自强不息，青蓝相接，成为社会的中坚、事业的巨擘、国家的栋梁，为社会主义现代化和法治国家建设不断添砖加瓦。

65 年栉风沐雨，华政洗尽铅华，砥砺前行。1952 年，华政在原圣约翰大学、复旦大学、南京大学、东吴大学、厦门大学、沪江大学、安徽大学、上海学院、震旦大学 9 所院校的法律系、政治系和社会系的基础上组建而成。历经 65 年的沧桑变革与辛勤耕耘，华政现已发展成为一所以法学为主，兼有政治学、经济学、管理学、文学、工学等学科的办学特色鲜明的多科性大学，人才培养硕果累累，科研事业蒸蒸日上，课程教学、实践教学步步登高，国际交流与社会合作事业欣欣向荣，国家级项目、高质量论文等科研成果数量长居全国政法院校前列，被誉为法学教育的"东方明珠"。

登高望远，脚踏实地。站在新的起点上，学校进一步贯彻落实"以人为本，依法治校，质量为先，特色兴校"的办学理念，秉持"立德树人，德法兼修"的人才培养目标，努力形成"三全育人"的培养管理格局，培养更多应用型、复合型、高素质的创新人才，为全力推进法治中国建设和高等教育改革做出新的贡献！

革故鼎新，继往开来。65 周年校庆既是华东政法大学发展史上的重要里程碑，也是迈向新征程、开创新辉煌的重要机遇。当前华政正抢抓国家"双一流"建设的战略机遇，深度聚焦学校"十三五"规划目标，紧紧围绕学校综合改革"四梁八柱"整体布局，坚持"开门办学、开放办学、创新办学"发展理念，深化"教学立校、学术兴校、人才强校"发展模式，构建"法科一流、多科融合"发展格局，深入实施"两基地（高端法律及法学相关学科人才培养基地、法学及相关学科的研究基地）、两中心（中外法律文献中心、中国法治战略研究中心）、一平台（'互联网＋法律'大数据平台）"发展战略，进一步夯实基础、深化特色、提升实力。同时，华政正着力推进"两院两部一市"共建项目，力争到本世纪中叶，把学校建设成为一所"国际知名、国内领先，法科一流、多科融合，特色鲜明、创新发展，推动法治文明进步的高水平应用研究型大学和令人向往的高雅学府"。

薪火相传，生生不息。65周年校庆既是对辉煌历史的回望、检阅，也是对崭新篇章的伏笔、铺陈。在饱览华政园风姿绰约、恢弘大气景观的同时，我们始终不会忘却风雨兼程、踏实肯干的"帐篷精神"。近些年来，学校的国家社科基金法学类课题立项数持续名列全国第一，国家社科基金重大项目和教育部重大项目取得历史性突破，主要核心期刊发文量多年位居前茅。据中国法学创新网发布的最新法学各学科的十强排名，学校在法理学和国际法学两个领域排名居全国第一。当然我们深知，办学治校犹如逆水行舟，机遇与挑战并存，雄关漫道，吾辈唯有勠力同心。

为迎接65周年校庆，进一步提升华政的学术影响力、贡献力，学校研究决定启动65周年校庆文丛出版工作，在全校范围内遴选优秀学术成果，集结成书出版。文丛不仅囊括了近年来华政法学、政治学、经济学、管理学、文学等学科的优秀学术成果，也包含了华政知名学者的个人论文集。这样的安排，既是对华政65华诞的献礼，也是向广大教职员工长期以来为学校发展做出极大贡献的致敬。

65芳华，荣耀秋菊，华茂春松，似惊鸿一瞥，更如流风回雪。衷心祝愿华政铸就更灿烂的辉煌，衷心希望华政人做出更杰出的贡献。

华东政法大学65周年校庆文丛编委会

2017年7月

前　言

公共文化服务是政府公共服务的重要内容，是指政府部门、非政府组织、非营利性组织、企业等主体提供的、以保障公民的基本文化生活权利为目的、向公民提供公共文化产品与服务的制度和系统的总称，包括与公共文化服务相关的设施、资源、内容、人才、资金、技术和政策保障机制等方面。

2005 年 10 月，党的十六届五中全会首次提出建设公共文化服务体系这一战略目标。2006 年 9 月，《国家"十一五"时期文化发展规划纲要》进一步明确了公共文化服务作为文化建设的重要组成部分的地位。2011 年 10 月《中共中央关于深化文化体制改革推动社会主义文化大发展大繁荣若干重大问题的决定》指出，要"毫不动摇地鼓励和引导各种非公有制文化企业健康发展"，把"高层次领军人物和专业文化工作者"作为公共文化服务建设的中坚力量。2012 年 12 月，《国家"十二五"时期文化改革发展规划纲要》提出了不断创新文化产品创作生产体系、发展壮大高素质文化人才队伍的目标。2015 年 11 月发布的"十三五"规划纲要提出了"公共文化服务体系基本建成，文化产业成为国民经济支柱性产业"的发展目标。2017 年 2 月印发的《文化部"十三五"时期文化发展改革规划》作为指导"十三五"时期文化系统发展改革工作的总体规划，是落实"十三五"规划纲要和《国家"十三五"时期文化发展改革规划纲要》的具体体现，该规划明确了要"实现人才队伍总量稳步增长、结构更加合理、活力不断增强、效能充分发挥"的目标。

加强公共文化服务体系建设，已经成为贯彻党的十八届三中全会精神，落实科学发展观，构建社会主义和谐社会的要求。上海市委书记韩正同志也在上海市第十三届人民代表大会第三次会议上指出，"要加强社区文化活动中心建设等基层文化设施建设，让广大群众就近便捷地享受公共文化服务"，应"坚持以政府为主导，积极发展公益性文化事业，鼓励开展各类群众性文化活动"，并且，要"加快经营性文化单位转企改制等各项改革，培育具有国际竞争力的文化产业骨干企业，增强新闻、出版、广播、影视、演艺等的文化原创和传播能力"。在上海市重大文化项目工地、公益性文化设施的深入调研中，韩正强调，要"一手抓公益性文化事业发展，一手抓经营性文化产业发展，不断提升城市文化内涵"。

　　人才队伍是公共文化服务体系的重要支撑，而体制外人才是人才队伍的重要组成部分。因此，在认真考虑国家以及上海市公共文化发展战略的基础上，在根据中央推动文化大发展大繁荣的战略部署建设国际文化大都市的发展形势下，必须对上海市重点公共文化服务领域体制外的人才状况进行深入调研和具体分析。

　　事实上，体制外人才在公共文化人才队伍中占据了越来越重要的地位、发挥着越来越重要的作用，其素质、能力直接决定和影响着公共文化服务的质量和水平，这支队伍的建设理应得到重视和加强。可见，对于上海市重点公共文化服务领域体制外人才队伍的调研要明晰公共文化服务领域中体制外人才的数量、结构、能力等现状，充分了解和清晰认识人才的需求与供给情况。

　　摸清体制外人才队伍状况是一项重要的基础性工作，意义重大，十分紧迫。为此，上海市文化广播影视管理局人才培训交流中心整合资源，于 2013 年 10 月至 2014 年 9 月期间对全市公共文化服务领域体制外人才情况进行了调研。在充分调动各区、街、镇等各级政府部门力量的基础上，调研团队通过摸排调查、问卷填写、重点访谈等方式，对全市重点公共文化服务领域体制外的人才队伍情况进行了重点调查。之后，调研团队对相关单位进行了持续的跟踪与考察，搜集了大量一手、二手数据资料，对相关数据资料进行整理和分析，并结合重点产业公共文化服务的整体发展情况、相关人才现状、典型企业人才情况等，系统和深入地了解了上海市重点公共文化服务领域体制外的人才队伍状况，为进一步推动全市公共文化体系建设，以及提出公共文化服务体系发展的政策建议奠定了基础。

本书以上海市重点公共文化服务领域体制外人才队伍的专项调研情况为基础，重点关注了包括动漫产业、休闲娱乐产业、网络视听产业、游戏产业、艺术产业、影视产业等在内的重点领域。同时，出于对工作环境与制度差异性的考虑，本书所指的体制外人才队伍不包括体制内单位的编外人员。

本书采用 2012 年 7 月 31 日中华人民共和国统计局颁布的《文化及相关产业分类（2012）》以及《中国公共文化服务发展报告（2012）》的相关内容作为划分公共文化服务领域的依据。本书在综合分析调研成果的基础上，对上海市重点公共文化服务领域体制外的人才队伍现状进行深入分析，以期对全市公共文化服务领域体制外的人才队伍情况形成基本判断，发现问题，并提出进一步发展的目标和建议。

目 录

第一章　导论

一　研究背景与意义

公共文化服务是政府公共服务的重要内容。早在 2005 年 10 月，党的十六届五中全会就首次提出了建设公共文化服务体系的战略目标。为了推动这一战略目标的实现，执行《国家"十一五"时期文化发展规划纲要》《国家"十二五"时期文化改革发展规划纲要》《国家"十三五"时期文化改革发展规划纲要》《中共中央关于深化文化体制改革推动社会主义文化大发展大繁荣若干重大问题的决定》等重要决策，贯彻落实党的十八届三中全会和上海市第十四届人民代表大会中有关提高公共文化服务水平的精神，本书特以上海市为例开展专项调研，了解我国重点公共文化服务领域体制外人才队伍建设现状，总结经验、查找问题、分析原因、研究对策，以更好地为上海市公共文化服务体系建设提供人才保障。

总体来看，对公共文化服务领域人才，尤其是日益重要但疏于关注的体制外人才队伍进行研究，具有较强的理论与实践意义。

理论意义。从 20 世纪开始，国外在公共部门人才资源方面就已有较多研究，并产生了经典理论和观点。国内从 20 世纪末开始，也不断引进和借鉴国外的相关研究，取得了可观的研究成果。但是，国内外的研究均较少关注公共文化服务领域的人才队伍建设问题，尤其是在发挥重要作用的公共文化服务领域体制外人才方面，尚未形成统一的概念界定标准。本研究则在文献梳理的基础上，从公共管理和人才资源的双重视角，对公共文化服务领域体制外人才的内涵、现状、管理制度等问题进行系统地研究。

实践意义。在认真考虑国家以及上海市公共文化发展战略的基础上，本研究对上海市重点公共文化服务领域体制外的人才状况进行深入调研和具体分析，明晰公共文化服务领域中体制外人才的数量、结构、能力等现状，充分了解人才的需求与供给情况，以从整体上推动我国公共文化服务领域的人才队伍建设。

二 研究内容

本书以上海市重点公共文化服务领域体制外人才队伍为研究对象，对人才队伍的建设现状进行经验总结，查找问题，分析原因，研究对策，以更好地为上海市公共文化服务体系建设提供人才保障。

1. 从调研内容看，主要分为以下五个方面。

（1）重点公共文化服务领域体制外人才队伍总体情况；

（2）重点公共文化服务领域体制外人才供求情况；

（3）重点公共文化服务领域体制外人才的紧迫性问题；

（4）典型企业公共文化服务人才情况；

（5）重点公共文化服务领域体制外领军人才情况。

2. 从分析内容看，主要表现为以下三个方面。

（1）上海市重点公共文化服务领域体制外人才现状分析。根据上海市公共文化服务的具体内涵与发展趋势，选择动漫产业、休闲娱乐产业、网络视听产业、游戏产业、艺术产业、影视产业等六个重点公共文化服务领域，从各领域公共文化服务人才总体情况、上海该领域公共文化服务人才现状、上海该领域公共文化服务企业人才情况三个层面进行深入调研分析。

（2）上海市重点公共文化服务企业人才情况分析。以相应公共文化服务领域中的重点企业为研究对象，针对公共文化服务项目、公共文化服务项目人才总体情况、公共文化服务人才供求情况、公共文化服务项目人才队伍建设情况、公共文化服务项目人才紧迫性问题等内容进行具体阐述，从而对上海市重点公共文化服务领域体制外人才的实际情况进行系统分析。

（3）上海市公共文化服务领域体制外人才问题与对策。从市场需求新形势下的人才数量与结构问题、市场化运营不足形成的管理体制与用人机制问题、人才培养培训与市场需求相脱节的问题等方面对上海市公共文化服务领域体制外人才发展瓶颈问题进行深入分析，并进而提出人才队伍建设的具体建议。

三　研究方法

分析公共文化服务领域体制外人才队伍状况是一项重要的基础性工作，意义重大，涉及面广。为此，本书主要采用了以下方法进行研究。

（1）问卷调查和访谈。本书对全市公共文化服务领域体制外人才情况进行调研，依托上海市文化广播影视管理局，调动各区、街、镇等各级政府部门的力量，通过摸排调查、问卷填写、重点访谈等方式，对全市重点公共文化服务领域体制外的人才队伍情况进行重点调查，搜集一手、二手数据资料，并对相关数据资料进行整理和分析。

（2）案例分析法。本书针对所研究的六个重点公共文化服务领域，选择行业中的典型企业进行深入的案例分析，了解案例企业的公共文化服务项目及其运作模式，对该企业在公共文化服务方面所需人才及其现有人才的总体情况进行梳理，从而判断其所代表的该类项目的人才供求情况，以推动公共服务项目的人才队伍建设。

四　研究现状及趋势

本书是针对公共文化服务领域体制外人才进行的深入研究，其研究框架如图 1-1 所示。

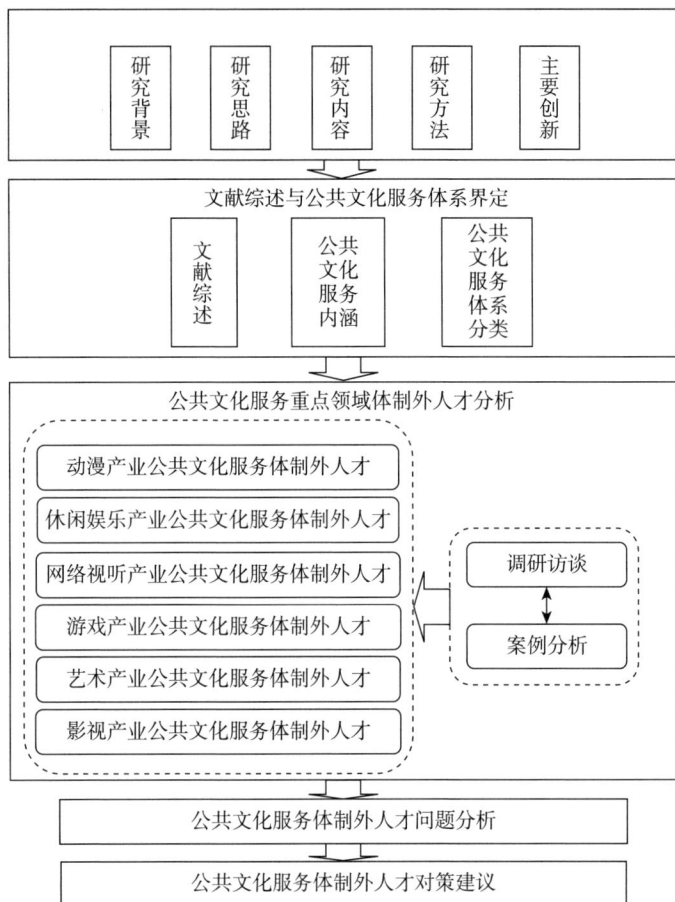

图 1-1　本书研究框架

资料来源：笔者整理。

从公共管理的视角来看，公共部门人才管理思想最早源自中国古代官吏考核制度。国外政府的绩效考核早期多关注政府部门的绩效，相比之下，我国政府的绩效考核最初则更关注干部的绩效。对公共部门人才资源管理的较多研究始于 20 世纪 80 年代，包括公共部门招录、薪酬福利管理、人才资源开发、绩效评估、人才资源管理职能外包等方面。其中，Hays 和 Kearney（2001）指出，未来公共部门主要是以计算机为载体进行相关人才的招录，这是未来招聘的一种趋势；Lewis（1988）认为，在理论上，地点差价薪资（locality-based pay）对公职职位的竞争力和公务员工作的激励性具有重要意义，但在实践中对吸引人才、减少人员流失等方面的作用是有限的，薪酬管理的分权化程度也是有限的（Arrowsmith & Sisson，2002）。从角色、地位和结构方面来看，人才资源开发正在经历着变化（Carter et al.，2002），这种变化与人才资源功能外包的出现有很大的关联（Richbell，2001），而将开发的职责下放给一线主管的现象也在增加（Gibb，2003）。

将公共部门人才问题的研究集中于公共文化服务领域是在 2000 年以后，这些研究主要表现为四个方面。一是公共文化服务人才的相关概念界定和特点研究。公共文化服务是政府公共服务的重要内容，是指以政府部门为主的公共部门提供的、以保障公民的基本文化生活权利为目的、向公民提供公共文化产品与服务的制度和系统的总称。二是公共服务体系中人才队伍建设重要性研究。完善公共文化服务人才支撑体系被认为对于公共文化服务体系建设来说具有重要意义。要建设公共文化服务体系，有一支具备高素质、能打硬仗的队伍是关键。其中，公益文化单位在职人员的教育培训、农村和城市社区文化人才培养等工作是公共文化服务人才保障建设的重要内容之一。三是公共文化服务人才保障建设的问题及影响原因研究。①缺乏人才供给渠道。编制计划是严格限制我国公共文化服务机构的人才招录和设置的因素。受此影响，公共文化服务机构建设人才队伍的规模有限（叶晓倩，2010）。同时，由于文化服务人才保障机制不完善，因而不能为专业人才提供良好的发展支撑体系和发展空间，不能吸引高端的专业人才（黄琼，2013；舒雯，2013）。②缺乏相关绩效考核制度和激励机制。由于公共部门人才资源管理中的考核方法、考核标准以及考核结果等考核制度缺乏科学性和全面性，对公共部门人才队伍建设有一定的影响（徐炬磊，2014）。③基层文化人才相对匮乏，人才结构不合理。公共文化资源在城乡二元结构中分配不均，城市在资源配置中获取更多的社会资源，而被边缘化的农村，在公共文化资源配置中处于资源匮乏的境地（潘泽泉、卞冬梅，2008），从而对新农村文化人才队伍的建设有一定的制约（陈友芬，2013）。四是公共文化服务人才保障建设的路径研究。①加大投入力度。政府的投资重点应该从公共文化服务体系建设的硬件设施投资转到对人才保障建设上（王霞霞，

2008），完善客观、公正的公共文化服务人才评价体系，要采用专业技术对其进行认证，做出科学、正确的评价。此外，要重视培训，对公共文化服务人才进行培养（焦德武、陈琳，2010；邓荣贵，2014）。②创新绩效评估制度和激励措施。加强绩效评价与管理，并将其与公务人员的薪酬与晋升联系起来，以更好地促进公务人员提升工作绩效，更好地完成工作任务（唐芸轩，2014）。注重本土人才激励，建立特殊人才激励机制，并健全人才保障体系（邓荣贵，2014）。③壮大文化志愿者队伍，优化人才结构。文化志愿者队伍是基层公共文化人才队伍的重要补充（胡本春，2014）。要培育群众文艺骨干，提高文化专干的业务素质和管理能力，明确公共文化服务人才专业类型结构，优化公共文化服务人才结构，实现结构合理（林凡军，2014）。

但是，总体上来看，一方面，对公共文化服务领域人才问题的研究相对较少。尤其是体制外人才在公共文化服务体系人才队伍中占据越来越重要的地位、发挥越来越重要的作用，其素质、能力直接决定和影响着公共文化服务的质量和水平，这支队伍的建设理应得到重视和加强，但现有的少量文献几乎没有涉及这方面的分析。另一方面，对公共文化服务领域人才问题的研究仍基本是定性研究，缺乏对区域实际现状的调研分析。然而，如果不明晰公共文化服务领域中体制外人才的数量、结构、能力等现状，就不可能对人才的需求与供给情况进行充分的了解和认识。本书正是基于上述研究现状及趋势要求，以上海市为例，对上海市重点公共文化服务领域体制外人才队伍现状进行的为时一年的深入调研，并对此做了具体分析。

五　主要创新点

体制外文化企业具有市场灵活性，可以更加迅速、更为有效地获取市场信息，把握市场对公共文化服务的具体需求，并能够采取灵活有效的措施开展公共文化活动，提供公共文化服务。本书强调实地调研访谈的田野调查方法，调研走访历时一年，采取了专家研讨会、企业座谈会、专题问卷调研、重点单位访谈等具体形式，与上海市文广局、部分区县文广局主要领导、高校研究机构专家等进行了专题研讨，与近30家重点文化产业园区及文化企业进行了深入交流，从而深入全面地掌握了相关资料。主要的创新之处如下。

（1）融合公共管理与社会政策、文化创新与文化传承以及人力资源管理等多层面内容进行跨界研究。现有的相关研究基本是从宽泛的人力资源管理的角度或者公共部门的角度进行的，鲜有对公共文化服务领域人才的针对性研究，而本书结合了公共管理与企业管理的理论与方法，集中于公共文化服务人才的综合性研究，可以多视角地聚焦于特定问题的分析。

（2）将研究重点集中于对公共服务领域的体制外人才进行定量研究。由于调研访谈及数据搜集困难等方面的实际问题，现有的少量研究也基本是定性地探讨公共服务领域的体制内人才，而本书借助与上海市文广局等相关部门的合作资源，在公共服务体制外人才（不包括体制内单位的编外人员）的数量、结构、特征、供求情况等方面，进行了深入的调研访谈，具有丰富的资料基础。

（3）针对公共文化服务先进且集中的区域及企业进行代表性研究。目前的相关研究多是在宏观层面上对公共文化服务体系、公共文化服务均等化、公共文化服务产品和服务供给等方面的研究，缺乏区域和企业层面的深入和具体探讨，本书则不仅以公共文化服务先进的上海市作为代表性区域，而且对典型体制外企业的公共文化服务人才进行研究，拓展了现有实证研究的范围，提高了解释力度。

第二章　公共文化服务体系界定

一　公共文化服务内涵

公共文化服务是指政府部门、非政府组织、非营利组织、企业等主体提供的，以保障公民基本文化生活权利为目的、向公民提供公共文化产品与服务的制度和系统的总称，包括公共文化服务设施、资源和服务内容，以及人才、资金、技术和政策保障机制等方面的内容。21 世纪初，上海明确提出了"公共文化服务体系"建设目标及建设计划，并在全国范围内进行概念性普及。从公共文化服务组织体系来看，其内容包括公共文化服务的责任主体、服务机构和人员队伍等（蒯大申，2007）。

（1）公共文化服务责任主体

公共文化服务的责任主体是指公共文化服务的领导、组织、协调及具体实施的部门和机构。上海在公共文化服务体系建设中首先明确，现阶段各级政府是提供公共文化服务的责任主体。同时，《国家"十二五"时期文化改革发展规划纲要》中强调，要"采取政府采购、项目补贴、定向资助、贷款贴息、税收减免等政策措施鼓励各类文化企业参与公共文化服务"。

《中共中央关于深化文化体制改革推动社会主义文化大发展大繁荣若干重大问题的决定》中提出，要"毫不动摇地鼓励和引导各种非公有制文化企业健康发展"，"引导社会资本以多种形式投资文化产业"，并"参与重大文化产业项目实施和文化产业园区建设，加强和改进对非公有制文化企业的服务和管理，引导他们自觉履行社会责任"。在此基础上，要求把"高层次领军人物和专业文化工作者"作为公共文化服务建设的中坚力量。

（2）公共文化服务机构

①文化事业单位。文化事业单位是政府财政拨款建立的非营利机构，是公共文化服务的主要提供者。随着文化体制改革的深入，一部分纯公益性文化事业单位仍保持其性质不变；另一部分原本属于文化事业性质的单位将逐步转为企业或准公益性质的单位。

②非营利性文化服务机构。在政府文化政策的指导下，各类非营利性文化服务机构向公众提供公共文化服务，如上海浦东三林镇社区公共文化活动中心等。目前这类组织力量仍较薄弱。

③非公有制公共文化生产企业。这些企业包括在积极探索引入市场机制过程中，以政府采购、委托生产等方式参与公共文化生产的企业（张晓明、齐永峰，2013）。

（3）公共文化服务人员队伍

从事公共文化服务提供与生产的人员分布在上述公共文化服务机构中，包括政府部门、文化事业单位、提供公共文化服务的改制企业或准公益性单位、非营利性文化服务机构，以及参与公共文化生产的市场化企业。同时，公共文化服务志愿者以及广大参与公共文化服务的市民等均是此人员队伍的组成部分。

二　公共文化服务体系分类

公共文化服务人力资源的分类并没有统一的规定，各地在公共文化人才队伍建设与培养方面，采取了不同的分类方式，如表2－1所示。

表2－1　公共文化服务人力资源的分类方式

分类方式	内容	特征
按体制分类	体制内：公务员编制人员、事业单位编制人员、国有企业在编人员和聘任人员； 体制外：各类非营利性文化服务机构、非公有制文化生产企业等提供公共文化服务的单位内的相关人员	制定完善公共文化人才队伍建设中长期规划，以文化专业技术人才、业余文化骨干、文化志愿者三支队伍建设为重点

分类方式	内容	特征
按专门性分类	专业人才、基层干部、群众队伍、志愿者	巩固"专业人才领军、基层干部统筹、群众队伍支撑、志愿团队参与"的文化队伍建设格局
按专业性分类	艺术专业人才、文化经营管理人才、文化科技人才	专业性强
按部门分类	党政、文艺、文博、图书情报、新闻出版、广电等	部门及行业特征突出

资料来源：课题组整理。

　　本项目的调研对象是上海市公共文化服务领域体制外的从业人员，选择这类人员主要是基于以下三方面的考虑。

　　一是依据《国家"十二五"时期文化改革发展规划纲要》等相关政策，公共文化服务领域的体制外人才受到格外重视，并已经成为政府关注的重要群体；

　　二是体制外文化企业具有市场灵活性，可以更迅速、更有效地获取市场信息，把握市场对公共文化服务的具体需求，并能够采取灵活有效的措施开展公共文化服务活动，提供公共文化服务；

　　三是相比于体制内人才，在人才数量、结构、特征、供求情况、紧迫性问题等方面，我们对公共文化服务领域体制外人才缺乏数据性了解，无法根据其具体情况开展推动性工作。

　　因此，我们重点对动漫产业、休闲娱乐产业、网络视听产业、游戏产业、艺术产业、影视产业等重点产业中的体制外人才情况进行分析。出于工作环境与制度差异性的考虑，本次调研的体制外人才不包括体制内单位的编外人员。

第三章　上海市动漫产业公共文化服务体制外人才队伍分析

"动漫产业"内容较为宽泛，是指由设计、制作、版权、专利、商标、印刷、商品制造等环节或行业一起形成的与动漫形态相关联的产业。由此，又可以衍生出与之相关的一系列包括动漫和动画制作、电影和电视及影像制品、杂志和图书出版、儿童和学生用品、玩具和娱乐、工艺品和卡通制品、服装和服饰、日用装饰品等的关联产业，从而形成一条纵向和横向都能得以延伸的产业链。动漫不仅是儿童的专利产品，而且成为各行各业、各种人群喜闻乐见的文化信息传播和精神娱乐的重要形式。

一　动漫产业公共文化服务体制外人才总体情况

作为知识密集型新兴产业，动漫产业对人才的需求量巨大，培养、培训、引进和使用好人才，是动漫产业发展的重点。特别是在动漫产业公共文化服务方面，体制外人才是中国动漫产业能否做强做大的关键，这对有创造力、懂设计、会经营的动漫人才有着迫切的需求。

（一）动漫产业发展现状

近年来，我国动漫产业快速发展，已经形成了一定市场格局，以广东、上海、北京为首的珠三角、长三角和环渤海地区已经成为我国动漫产业的核心发展区。奥飞动漫、华强动漫、腾讯动漫、中南卡通、炫动传播、淘米动画、央视动画等大型动漫企业已经成为动漫产业的第一阵营，也是该行业公共文化服务的主要提供者。

（1）产值持续快速增长。产值从"十五"期末不足 100 亿元，增长到"十一五"期末（2010 年）的 470.84 亿元，年均增长率超过 30%。2011 年，我国动漫产业总产值为 621.72 亿元，2012 年为 759.94 亿元，2013 年我国动漫产业发展速度有所减缓，总产值达 870.85 亿元，较 2012 年增长 14.59%（卢斌、郑玉明，2014）。2015 年，我国动漫产业总产值已经达到 1131 亿元，2010～2015 年复合增长率近 20%，预计 2017 年将达到近 1500 亿元规模。[①] 同时，动漫产业具有很强的爆发性，例如日本卡通偶像皮卡丘，其衍生产品由国内外共 1000 多家公司制造和销售，4 年期间的利润已经超过 7000 亿日元；韩国动漫产业仅仅经过十几年的发展，就成为仅次于美国和日本的动漫大国，其产量占全球的 30%，动漫产值在 GDP 中居第 6 位。

（2）通过认定的企业数量增加。2013 年，全国通过文化部、财政部、税务总局认定的动漫企业累计达 587 家，其中，重点企业 43 家，还有 247 家近年来制作生产过国产电视动画片。2013 年国产电视动画片制作生产机构共有 221 家，占 2013 年度取得"广播电视节目制作经营许可证"的影视节目制作机构数量（6175 家）的 3.58%。[②] 截至 2015 年，全国通过认定的动漫企业累计达 730 家。其中，东部地区有 462 家，占总体的 63.29%；中部地区有 176 家，占 24.11%；西部地区有 92 家，占 12.60%。[③] 2015 年底，我国动漫产业相关的企业已达 4600 多家，从业人员约 22 万人。

（3）企业规模不断扩大。据统计，2015 年，我国动漫产业年产值在 3000 万元以上规模的动漫企业有 24 家，年产值超过 1 亿元的大型企业有

---

① 《2016 年中国动漫产业市场现状及发展趋势分析》，参见 http://comic.sina.com.cn/guonei/2016 – 12 – 01/doc – ifxyiayr8699753.shtml，最后访问日期：2017 年 6 月 12 日。

② 《〈动漫蓝皮书：中国动漫产业发展报告（2014）〉发布》，参见 http://www.cnaci.com.cn/html/dhzx/gnyw/14995.html，最后访问日期：2017 年 8 月 8 日。

③ 《〈动漫蓝皮书：中国动漫产业发展报告（2016）〉发布》，参见 http://comic.sina.com.cn/guonei/2016 – 11 – 30/doc-ifxyawmp0663579.shtml，最后访问日期：2017 年 8 月 8 日。

13 家。根据文化部对通过国家认定的动漫企业的统计，2012 年 519 家动漫企业共实现营业收入 56.3 亿元（其中主营业务收入 54.8 亿元），营业外收入 5.2 亿元（其中政府补助 3.6 亿元），利润总额 8.5 亿元。以此推算，单家动漫企业平均所有者权益为 1834 万元，平均实收资本 1170 万元（国有资本所占比例为 4.61%），平均营业总收入为 1085 万元，自主开发生产的动漫产品收入占主营业务收入的比例为 45.35%，动漫企业总体营业利润率为 7.72%，净资产收益率为 8.97%，政府补助对利润总额的贡献率为 42.35%。[①]

（4）动漫产业国际化程度提高，出口创汇能力增强。在世界各国，尤其是在美国、日本、韩国和欧洲等发达国家和地区，动漫产业已成为国民经济的支柱产业，并在全球范围内具有影响力，其从业人员占到全部从业人员的 3%～6%。美国迪士尼公司堪称全球动漫产业的成功典范，它是一家拥有极佳品牌、大约 12 万名员工和年销售额达 220 亿美元的超大型公司。

（二）动漫产业公共文化服务领域人才需求类型

伴随着动漫产业的快速发展，其在公共文化服务领域的规模日益增大，对该领域内的人才需求表现出如下特征。

（1）知识的综合性。动漫行业公共文化服务要求人才具有深厚的文化底蕴、完整的文化体系，还要求人才不断更新知识结构。其中包括：

——经营类人才：不仅要具备相关的经济、管理、金融、营销等方面的专业知识，还需要具备文化、文学、新闻、伦理、艺术、历史、地理、旅游等相关领域的知识。

——专业技术类人才：不仅要懂电脑的基本知识（多媒体编程、游戏设计、计算机图形学、游戏引擎、网络数字技术等），还应掌握美学、绘画、色彩理论、构成、角色设定、生物素描、后期合成、游戏体系结构等基本知识。

---

① 《〈动漫蓝皮书：中国动漫产业发展报告（2014）〉发布》，参见 http://www.cnaci.com.cn/html/dhzx/gnyw/14995.html，最后访问日期：2017 年 8 月 8 日。

——创意类人才：不仅应通晓文学、影视学、心理学、教育学、策划学等基本的专业知识，还应该有融会贯通、根据市场环境推陈出新的变通能力。

（2）能力的复合性。动漫行业公共文化服务人才不仅要掌握多种知识，而且应该具备一定的行业敏感度、经营管理能力等。

——行业敏感度。行业人才不仅需要拥有数字IT等方面的专业知识，还应熟悉跨行业流程的操控，具备一定的商业敏感度。除了精通IT专业技术和具有艺术创造力外，复合型人才还应增强对所从事行业以及其他相关行业动态的熟悉程度，逐步提升管理、沟通等能力和增强商业敏感度。

——经营管理能力。能有效地对企业的人、财、物进行优化配置，参与市场交换。随着动漫行业中的技术向其他行业不断渗透，集数字、通信、娱乐于一体的产品消费已经深入人心，数字媒体、数字音乐、IT与无线通信的结合技术、网络技术等将是动漫行业发展的潜在动力。从事产品研发、市场推广、系统构架等工作的人员，只有成为拥有相关专业背景且具有较强沟通能力的复合型人才，才会更受欢迎。

（3）思维的创新性。动漫行业对参与该行业公共文化服务的人才思维的创新性要求特别高。思维的创新性主要是由好奇心、求知欲、怀疑感、思维独立性等因素组成。产业对创新型人才的要求是知识广博、触类旁通，能够适应不同工作需要，不断开创新局面。这种人才要具有三种能力。

——学习能力。能够不断学习、终身学习，不断更新知识，适应时代的发展和进步。

——研究能力。理论功底深厚，具有逻辑思维能力，能揭示并把握事物的本质规律。

——创造能力。能够根据发展的需要，针对问题的症结，在尊重客观规律的前提下，敢于否定传统，标新立异，创造性地提出解决问题、推动发展的思路和办法。

（三）动漫产业公共文化服务领域人才短缺现状

目前，我国动漫产业从业者数量与实际人才需求之间差距巨大，催生了动漫教育的投资热潮。北京电影学院、中央美术学院、中国传媒大学等许多重点院校都专门开设了动漫专业，定向培养大批高素质人才，但人才失衡现象依然严重。从当前市场需求来看，动漫人才的短缺主要表现为以下五个方面。

（1）前期策划人员。前期策划工作是创造动漫产品的重要程序，前期策划人员通过市场调研、市场定位等来确定符合未来的商业行为的动漫产品，例如分析受众是儿童、少年还是其他年龄段的人群，以此来决定采取的形式是系列剧、连续剧还是电影等。动漫策划人员素质主要表现为创新意识和市场敏感意识的高低，这是动漫产品成功与否的关键。但是，目前我国动漫产业前期策划人员大多是由非专业人士转行而来，对动漫产业没有清晰的认识，缺乏创新思维和市场意识。因此，其所策划的动漫产品基本是采取对热点题材盲目跟进和模仿的策略，题材单一、陈旧和同质化的现象严重。

（2）故事原创人员。动漫产品的吸引力主要由其所传达的内容故事表现，例如台湾漫画家蔡志忠所创作的《庄子说》《老子说》《列子说》等经典漫画，在新加坡、马来西亚、中国香港、日本等国家和地区长期连载。但一方面，这些动漫作品基本局限于本民族的历史题材，涉及其他民族艺术的题材较少；另一方面，对中国文化艺术的挖掘并不深入，对国外动漫作品的借鉴也多是简单模仿，缺乏本土人文创意。因此，国产动漫数量不足、质量欠缺、原创不力，最主要的原因是缺乏具有原创精神的民族动漫人才，而其根本原因是国内没有系统地培养相关人才的机制，而且易受到短期利益的驱动。

（3）编导。动漫行业的编导主要是对前期策划及故事原创的要素进行整合，需要把握动漫作品场景的整体气氛、整合并管理场景资源、编排设计情景等。优秀的动漫编导应该对动漫作品的镜头语言具有独特的认识，能深刻理解剧情编排，并具有独立完成剧本的能力。但在我国，开设动漫编导专业的高校甚少，从事动漫编导工作的人员基本是从美术、计算机等专业跨界而来，因而在影视动态形象、影视语言、影视编辑等方面的修养与技能不高，在一定程度上影响了动漫作为影视艺术的画面感和质量。

（4）复合型设计制作人员。目前，我国专门从事动漫设计、制作工作的人才基本来自三个方面，一是经过短期培训的具有一定美术功底的人员；二是由计算机类或者其他艺术类人才改行的人员；三是缺乏实践经验的专业院校毕业的留校人员。可见，我国动漫制作人员基本上只能从事某一环节的单一工作，而无法驾驭完整的项目，因此制作质量难以得到保证。动漫市场所需要的是将技术与艺术相结合的高级复合型人才，包括动漫美术人才和动漫技术人才，这应该成为我国动漫高等教育的培养目标，而这些人才应对动漫的发展历史、趋势以及市场需求具有较好的理解和感知。

（5）营销人才。动漫产品的终端销售渠道包括网吧、影院以及主题公园等，需要由高素质、熟悉动漫产业运作规律的经营人才进行广告宣传、市场营销等方式的运作，以促使动漫产品被社会关注，从而增加动漫产品及衍生产品价值。显然，这方面的营销人才仍然是短缺的，以至于动漫产品的销售与市场相脱节，动漫产业升级比较困难。

二 上海动漫产业公共文化服务人才现状

（一）上海动漫产业公共文化服务人才需求特征

依据调研数据的分析结果，拥有大学本科学历者是上海动漫从业人员的主体力量，并且，动漫公共服务领域中相关人员的行业经验普遍偏少。动漫人才较多地集中在专业职位，在管理类人员中的比例较低。总体上，上海动漫产业的需求特征主要表现在以下几个方面。

（1）重实际能力。拥有大学本科学历者是动漫从业人员的主体力量，大约占60%，拥有大专学历者约占34%，这显示出动漫企业在用人时并不简单地唯学历化，而是更关注实际能力。

（2）重专业能力。从职位类别来看，设计类、策划类和编辑类等职位类别的人员居多，分别达到45.4%、19.4%、18.5%，共达到83.3%，而财务、管理、行政等非专业类职位所占比例较低，仅为16.7%。

（3）诱导性人才迁移。由于职业技能人才相对缺乏，"互挖墙脚"成为该行业人才流动的重要方式，有着丰富工作经验和职业技能的创作人才、市场人才，经常会被同行企业挖走，造成企业发展过程中人才的不稳定性。

（4）薪酬差距较大。整体上，动漫行业从业人员的薪酬差距较大，主要是因为创意人才是行业核心资源，其通过创意、分析、判断、综合、设计来创造产品的附加价值，工作时间及业绩一般不能明确地预先判定。

（二）上海动漫产业公共文化服务企业人才总体情况

中国的动漫产业涵盖了教育、科普、广告、展览展示、艺术设计等领域，动漫创意、制作、传播、消费、服务和应用正在形成一个相互合作、相互促进的生态系统。上海动漫产业发展迅速，产业链条逐步完善，在文化品质、产业规模、技术应用、科研教育、社会影响等方面均取得了一定成绩，已成为文化创意产业的重要增长点。在提供公共文化服务方面，体制外企业创造了一批高质量的艺术作品，培养和凝聚了相关专业人才。为此，我们调研了上海动漫行业内相关企业，对其在公共文化服务项目及人才方面的情况进行了总结。

（1）公共文化服务项目

动漫企业的业务主要集中于原创动画、影视节目、漫画类图书、连环画等。其中，从项目内容、项目运作等方面均体现了公共文化服务的特色。

（2）公共文化服务相关岗位

动漫企业提供公共文化服务的岗位主要有场景动画师、角色动画师、合成师、灯光师、美术师、导演、美术总监、技术总监、3D 建模、3D 贴图绘制、3D 动态制作、程序员、测试员、动画设计、网页制作、文字编辑、录音师、数字音乐合成师等。

（3）公共文化服务项目人才总体情况

①动漫企业员工具有高学历、年轻化特征。从年龄结构来看，现有员工具有年轻化特征，30 岁以下员工占 50%～60%，40 岁以下员工的人数则占到 85%；从学历结构来看，本科以上员工所占比例达到了 85%，

其中，研究生学历人数超过60%。

②动漫企业员工的职称层次偏低。被调研企业员工在职称方面，无论是高级职称还是中级职称，职称资格的持有者相对较少，有不少企业甚至尚未有员工拥有高级职称资格。另外，在最近三年中，能获取职称晋升的员工非常有限。

③动漫企业员工数量及能力提升的方式有限。近三年来，被调研企业引进人才数量有限，由于动漫为新兴行业，员工能力提升主要依靠个人进修的方式进行，单位培养处于缺失或不足的状态，这与其他行业形成明显反差。

④动漫企业管理人员比例合理但数量不足。被调研企业现有管理人员与其他人员比例较为合理，但数量显示不足。从实际需求考虑，各企业均普遍表示，管理人员的数量无法满足企业实际需要。

⑤动漫企业从业人员的稳定性较差。被调研企业现有员工的工作年限普遍较低，不满三年的占比达到40%。并且，2013年动漫企业离职员工较多，在全部员工中占到20%。较高的离职率为员工的培养、管理以及梯队的形成带来了一定的难度。

⑥动漫企业员工招聘方式多样。各相关企业在员工招聘时采取了多样化的招聘方式，包括校园招聘、网络招聘、员工推荐、内部选拔等，招聘渠道比较广泛，这也与该行业发展时间较短、各企业员工的稳定性较差等方面的现状有关。

（4）公共文化服务项目人才培养情况

①在公共文化服务项目运作中，动漫企业培养和锻炼了一批项目负责人才。

②在项目运作中，锻炼了一批具有潜在实力的项目运作人才。这些人员作为第二梯队，具有参与甚至承担项目的管理运作、创作设计等能力。

③培养了在公共文化服务事业中具有突出贡献的重要人才。对相关人员给予了破格晋升的激励。

（5）公共文化服务项目人才队伍建设情况

①根据业务需要，以企业委托或个人进修的方式对部分管理人员进行重点培养。

②重视发挥编外专家的重要作用，聘请不在编制中或已退休人员，以兼职或志愿者方式参与公共文化服务。

③重视培养和锻炼管理岗位与技术岗位双肩挑的复合型人才。

④鼓励员工获取重要奖励或荣誉称号，发挥其影响作用和带头作用。

（6）上海动漫企业公共文化服务领军人才代表

上海动漫企业公共文化服务领军人才代表的相关情况如表3-1所示。

表3-1　2015年上海动漫企业公共文化服务领军人才代表情况

重点企业	领军人才	职务	简介
盛大网络	陈天桥	董事长兼首席执行官	全国新闻出版行业领军人才、全国信息产业劳动模范、上海市领军人才等
上海城市动漫出版传媒有限公司	刘军	总经理	上海动漫研发公共服务平台常务副总经理、文汇新民联合报业集团文化发展部主管、上海炫动卡通卫视副总裁等
上海阿凡提卡通集团有限公司	郎冰	董事长	中国动画学会会员、上海市版权协会副会长、民盟上海市委文化委员会副主任、上海市少数民族企业家协会会员、上海市杨浦知识创新区首届百名产业精英等
上海炫动传播股份有限公司	杨文艳	董事、总经理	曾任上海电视台文艺节目中心青少部主任、上海文广新闻传媒集团文艺频道副主编等
上海张江动漫科技有限公司	王戎戎	产业服务部经理	多次参与国家及地方政府重大科技项目的研发、项目管理及成果产业化工作等

资料来源：课题组整理。

三　上海城市动漫出版传媒有限公司公共文化服务人才情况

（一）公共文化服务项目

上海城市动漫出版传媒有限公司（以下简称城市动漫）的业务主要集中于原创动画、影视节目、原创少儿漫画类图书、原创连环画、世博专题等，其项目内容、项目运作等方面均体现了公共文化服务的特色。

表 3 - 2　城市动漫主要业务项目及作品

项目类别	年产量	代表作
原创动画	150 集	《曹操》《关羽》
影视节目	500 多小时	《课间好时光》《甲方乙方》《心灵花园》《小神龙俱乐部》
原创少儿、漫画类图书	200 多册	少儿启蒙教育经典文学漫画馆、"咬咬书"儿童心灵成长阶梯阅读系列、"彩香蕉"儿童素养形成分级系列、原创图画书名家名作系列、原创图画书新人新作系列
原创连环画	100 多册	《画说中共一大》《开国将帅》《诸子百家》《中国圣贤》《扬州园林》
世博专题	51 集，765 分钟	《海宝超时空任务》《少林海宝》

资料来源：课题组整理。

城市动漫包含公共文化服务内容的项目运作主要有四种模式，具体如表 3 - 3 所示。

表 3 - 3　城市动漫公共文化服务运作模式及所需人才

运作模式	运作内容	项目所需人才
定制	接受相关文化单位、国画馆等的定制，提供公共文化服务	项目管理人才
产品开发	按照市场需求开发大众文化产品	创作人才
内容服务	展览、阅读、培训	市场推广人才
合作	与北京、广东、上海等地单位合作开设连环画库，开展教育、图书馆的公众阅读	沟通与管理人才

资料来源：课题组整理。

（二）公共文化服务项目人才总体情况

（1）从业人员具有高学历、年轻化特征。城市动漫现有员工 44 人，从年龄结构来看，30 岁以下员工占 57%，40 岁以下员工所占比例达 87%（见图 3 - 1）；从学历结构来看，本科员工所占比例达到了 68%，研究生及以上学历员工所占比例占到了 18%（见图 3 - 2）。

（2）从业人员的职称层次偏低。城市动漫现有中级职称员工 4 人，

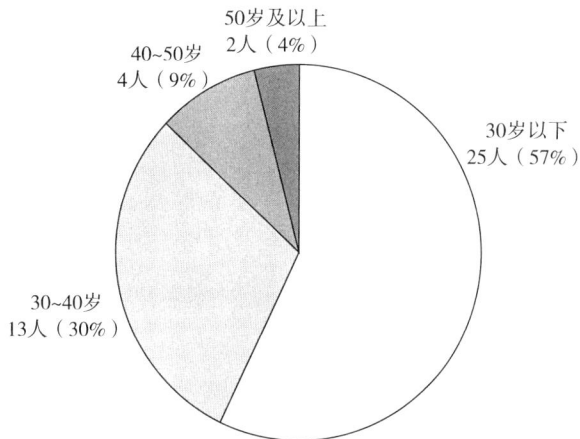

图 3－1　城市动漫员工年龄结构

资料来源：课题组整理。

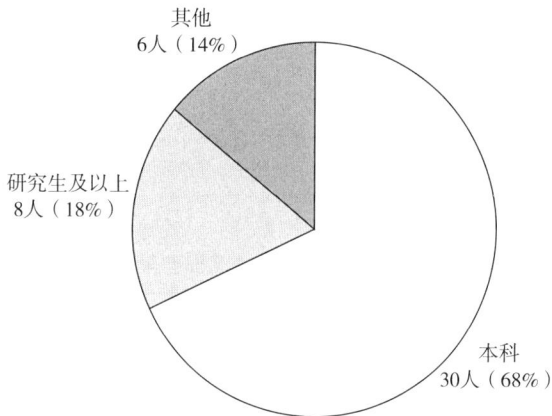

图 3－2　城市动漫员工学历结构

资料来源：课题组整理。

仅占员工总数的9%，其中，3人已经评定满三年，也即在最近三年内仅有1位员工取得中级职称。目前，公司尚未有员工拥有高级职称。

（3）员工能力提升的方式与总量不足。城市动漫近三年只引进2名员工。员工能力提升主要依靠个人进修的方式进行，并且只有5位员工采取了这种方式，而单位培养这一途径则处于缺失状态，这与其他行业形成明显反差。

（4）管理人员比例合理但数量不足。城市动漫现有管理人员与其他人员的比例为 1:3.4，从公司管理幅度①设置的一般经验来看，高层管理人员的管理幅度一般为 4～5 人，中层管理人员的管理幅度一般为 6～9 人。可见，从管理幅度上看，城市动漫的管理人员分布较为合理，数量显示充足。但从实际项目需求考虑，管理人员的绝对数量仍然不足。

（5）从业人员的稳定性较差。城市动漫现有员工工作年限不满三年的为 19 人，占 43%，其中，1 年以下者为 7 人，占 16%。并且，该公司2013 年的员工离职人数为 10 人，这一比例高达 23%。较高的离职率和较短的在职时间为员工的培养、管理以及梯队的形成带来了一定的难度。

（6）员工招聘方式多样。城市动漫在员工招聘时主要采取了校园招聘、网络招聘、员工推荐、内部选拔四种方式，招聘渠道比较广泛。

（三）公共文化服务项目人才培养情况

（1）在公共文化服务项目运作中，城市动漫积极开展连环画出版、连环画艺术展览、市民文化节、电影节、电视节等各类项目活动，在动漫、影视、出版、咨询、会展等方面培养了引领项目成功的关键人才（见表 3－4）。

表 3－4　城市动漫曾参与公共文化服务项目的关键人员

姓名	性别	年龄（岁）	职务	参与的项目	项目贡献
LJ	男	44	总经理	动漫、影视、出版、文化咨询	总策划
LYJ	男	44	总编辑	连环画出版项目 连环画艺术展览	项目执行
FY	女	31	总编辑助理、策划总监	连环画出版项目 连环画艺术展览	管理、策展
MQ	男	35	设计总监	市民文化节、电影节、电视节	视觉形象品牌设计
LRR	女	36	出版总监	连环画出版项目 文教结合项目	编辑出版
XY	男	34	运营总监	电影节、电视节	视觉形象品牌运营

资料来源：笔者整理。

---

① 管理人员的管理幅度是指该管理人员能有效管理其直接下属的最大人员数量。

（2）城市动漫重视发挥各类人才在动漫制作、影视制作、市场营销、客户管理等方面的专业特长，提升这些人才的创作设计、管理运作等能力，形成具有参与或承担公共文化服务项目潜在实力的第二梯队（见表3－5）。

表3－5　城市动漫虽未参与公共文化服务项目但具有潜在实力的重要人员

姓名	性别	年龄（岁）	职务	特长	工作能力
HX	男	27	销售总监	市场营销	业务拓展能力强
YN	女	37	客户总监	客户管理	客户服务质量较好
HW	男	29	制作总监	影视制作	节目统筹、制作能力强
ZRJ	男	32	剪辑师	动漫制作	动漫技术好
QDH	男	55	创作总监	动漫设计、绘画	创作能力强
WHJ	女	31	创作主管	动漫设计、绘画	前期设计能力强
LW	女	27	绘画师	动漫设计、绘画	前期设计能力强

资料来源：笔者整理。

（3）在公共文化服务事业中，部分员工在连环画、重大文化活动等方面做出了突出贡献，并由此在职称或职位方面得到了破格晋升，从而对公共文化服务项目人才的培养产生了正向激励效应（见表3－6）。

表3－6　城市动漫在职称或职位方面被破格晋升的人员

姓名	性别	年龄（岁）	职务	破格晋升年份	工作贡献
FY	女	31	总编辑助理策划总监	2012	连环画事业、重大文化活动服务贡献大
MQ	男	35	设计总监	2013	重大文化活动设计服务贡献突出

资料来源：笔者整理。

（四）公共文化服务项目人才队伍建设情况

（1）根据业务需要，以企业委托或个人进修的方式对部分管理人员进行重点培养（见表3－7）。

表 3 - 7　城市动漫目前在公共文化服务方面重点培养的人员

姓名	性别	年龄（岁）	职务	培养原因	培养方式
HX	男	27	销售总监	业务需要	企业委托培养
SYL	女	28	出版主管	业务需要	个人进修，企业鼓励
HWJ	女	25	策划主管	业务需要	个人进修，企业鼓励

资料来源：笔者整理。

（2）重视发挥编外专家的重要作用，聘请不在编制中或已退休人员，以兼职或志愿者方式参与公共文化服务（见表 3 - 8）。

表 3 - 8　城市动漫不在编或已退休但发挥重要作用的人员

姓名	性别	年龄（岁）	职务	工作方式（志愿者/兼职/返聘等）
WWH	男	78	副编审	志愿者
LXD	男	57	美编	兼职
SLK	男	58	美编	兼职
XWY	男	65	美术指导	兼职

资料来源：笔者整理。

（3）重视培养和锻炼管理岗位与技术岗位双肩挑的复合型人才（见表 3 - 9）。

表 3 - 9　城市动漫管理岗位上的文化专业人员（复合型人才）

姓名	性别	年龄（岁）	职务	重要贡献
LYJ	男	44	总编辑	出版、展览、交流推广专业能力高
FY	女	31	总编辑助理、策划总监	文化咨询、艺术展览、产品企划方面经验丰富
MQ	男	35	设计总监	品牌形象视觉设计经验丰富
LRR	女	36	出版总监	出版编辑经验丰富
HX	男	27	销售总监	产品销售营销能力强

资料来源：笔者整理。

（4）鼓励员工获取重要奖励或荣誉称号，发挥其影响作用和带头作用（见表 3 - 10）。

表 3 - 10　城市动漫获得过省部级及以上奖励或荣誉称号的人员

姓名	性别	年龄（岁）	职务	奖励或荣誉名称	获奖时间
FY	女	31	总编辑助理、策划总监	世博优秀工作者 国家动漫原创团队奖 市文广局科技进步二等奖	2010 年 2012 年 2012 年
MQ	男	35	设计总监	世博优秀工作者 第三届中国出版政府奖装帧设计提名奖	2010 年 2014 年
QDH	男	55	创作总监	作品《小红军长征记》获第十一届全国美展金奖	2009 年
WHJ	女	31	创作主管	作品《嬉》入选"今日美术"优秀作品展	2006 年

资料来源：笔者整理。

（五）上海城市动漫公共文化服务取得成功的原因

城市动漫成立以来，在动漫原创、内容集成、影视制作、商业开发、品牌活动、团队建设、国际合作等领域取得了较为突出的业绩，现公司主营业务有内容制作、出版业务、销售发行与形象授权等，成为上海动漫产业骨干企业，并发展成为上海动漫产业综合运营平台。该公司的代表作品具有较强的教育意义和公共文化服务意义，其成功主要归功于以下几个方面。

（1）重视公共文化服务。公司层面领导对公共文化服务非常重视，在经费、人力等方面给予充分支持。

（2）提供创作平台。公司围绕作品主题，集聚了 30 名左右的画家，并为他们提供便利的创作平台。

（3）紧密与学校等单位的合作。公司与相关学校、美术馆、环球港等单位保持紧密的合作关系，每年举办 30 余场公益性展览。

（4）独特的商业模式。以"原创＋版权＋渠道"为模式，把优秀的原创漫画出版成漫画图书，并涉足衍生产品开发（如玩具、教育图书）以提高动漫产品附加值；引进海外版权，整合国外动漫资源，经过本土化的包装后推向市场；涉足动画的制作和发行、整合传播渠道，致力于成为上海动漫产业的集成商。

（5）整合国内外行业资源。自2007年起，公司与迪士尼联合制作了75集国内首部中学生题材的情景电视剧，得到了国内同行认可，与此同时，公司还学习了迪士尼先进的制片理念。

（6）加强宣传网络构建。2009年，公司成为《小神龙俱乐部》战略合作伙伴，联合迪士尼在中国大陆进行全国历时较长、品牌知晓度较高的少儿电视栏目的策划、制作、发行、经营，为公司策划的其他节目、图书等提供了庞大的宣传网络资源，并为公司进行系列动漫娱乐产品的策划、制作积累了经验、锻炼了团队。

四　上海动漫产业公共文化服务体制外人才培养对策

公共文化服务领域体制外人才队伍建设可以从人才引进、人才培养、人才激励三个方面进行。其中，动漫人才培养是具有持续发展能力的有效方式，应建立长效的人才培养机制。

（一）制定有针对性的动漫人才培养目标

我国高校的学制包括专科、本科、研究生三个层次，各个层次对于动漫人才的培养具有不同的目标。其中，动漫专科教育的目标是培养初级动漫专业人才，让学生在动画制作和创作中掌握一定的技术；本科教育的目标是高级动漫专业人才，锻炼学生的思维能力和独立编导能力；研究生教育的目标是培养从事动漫专业实际工作或科研工作的高级专业人才，或具有独立从事动漫专业创造性科研工作和实际工作能力的高层次专业人才，并为动漫专业师资队伍进行人才储备工作。

动漫人才的培养包括社会机构教育和高等学校教育两种。其中，社会机构教育主要是培养实用和即用型人才，强调以真实的职业环境在教学中进行实战演练，让学生可以很好地胜任工作岗位的要求。社会机构教学质量难以把控，教学内容相对单一，所以比较适合短期培训，针对动漫企业的操作性人员进行技能培养。相比而言，高等学校具有完备的教学体系，主要针对基础理论和基础技术进行普及性系统教育，可以更好地培养学生的思维能力、审美能力、创新能力、人文精神等，学生通过了解动画、漫画及其发展历史等相关知识，可以较好地评价动漫作品的原创性特征，从而成为具有创造性的动漫人才。同时，企业可以分别委托高校和社会机构形成人才培养的定制模式，以使得人才培养可以更有效地与企业自身需要相匹配。

（二）增强动漫人才教育的师资力量

动漫教育师资包括专业教师和兼职教师，前者应具有特定的系统教育背景，后者应具有丰富的实践工作经验。动漫专业的教学内容具有极强的综合性，不仅涉及编剧、导演、摄影、音乐、雕塑、灯光、舞台美术设计、制片等诸多与"艺术""设计"相关的知识和技术，还涵盖了新闻传播学、经济管理学、市场营销学、文学艺术等众多学科门类。可见，从事动漫专业教学的老师必须具有较高的相关专业素养，并应兼有各相关学科的知识与技术能力，也即应是相关知识和实践经验丰富的专家。但是，目前由于高校对教师引进具有若干基本规定，例如应是拥有硕士、博士学位或是具有副高职称以上人员，而在我国动漫教育发展的初期，真正具有动漫专业的高学历、高职称的教师相当稀少。即便有一些拥有高学历、高职称的教师，也基本是缺乏实践经验的理论型教师，或者是出身于艺术设计或绘画专业，在知识和专业素质方面很难胜任动漫专业的实际教学需要。同时，那些业界经验丰富、学历较低的专业人才却无法被引进高校。

因此，通过高校教育培养动漫专业人才，一是应该建立一支高水平的动漫教育师资队伍；二是应不拘一格用人才，特别是重视那些虽没有高学历、高职称，但却具有丰富动漫专业知识和实践经验的人才；三是在现有师资队伍中遴选优秀教师到国外专门学习先进的动漫教育经验、方法。另外，应从知识结构和实践经验等方面综合考虑师资的配置问题，可采取高校理论知识型、实践技能型和外聘专业经验丰富型的教师，组成专兼职结合的专业教师梯队，从理论知识、实践技能、专业经验等方面保证动漫人才教育的理论、实践和创新开发的系统性，以加快动漫专业人才的培养。

（三）科学设置动漫专业的课程体系

课程设置中包括普通教育课、专业课，在专业课程设置中，应充分体现行业的发展需求，考虑动漫行业的具体特征，对具体课程进行调整，以培养学生适应这一经济发展环境的要求。目前，在许多有动漫专业的高校，除教育部规定的必修课程外，该专业大部分课程都是围绕艺术设计、计算机动漫软件类课程设置的，没有考虑科学设置学科体系的需求，不仅根本不能适应动漫产业对人才培养的要求，而且将严重影响我国动漫产业的深入发展。

围绕知行合一以及在知识、技能、方法、态度方面的要求，对动漫专业的课程内容进行归纳，主要涉及三个层次的问题：一是为什么要学相关课程；二是学什么；三是怎么学，怎么做。在学习动因方面，应使学生明确本课程在动漫专业教学中的重要地位，这也是使学生形成对学科及课程系统认识的重要阶段；在学习内容方面，各门课程的内容不仅要体现课程本身的内容体系，而且要根据动漫产业发展的最新需求，进行相应的调整与补充；在学习方法方面，需要任课教师与时俱进地增加大量的、联系实际的鲜活教学案例，充实教学内容，达到学以致用。这是涵盖教学内容最重要、最灵活的方面，也是开设相关课程的根本目的。总体来看，必须以市场需求为导向对动漫专业教育课程进行设置，克服课程设置过细过多，各种课程与课程之间互不联系，从而导致课程专业方向单一、可塑性差、适应面窄的弊端。同时，要拓宽专业口径，鼓励跨学科、跨专业学习，调整和优化课程结构，加强学生综合能力的培养，使动漫人才既具备较宽的知识面和扎实的基础，又能对动漫知识融会贯通且具有实际操作技能。

（四）建立动漫人才培养的特色模式

（1）以专业教师为主的工作室制教学模式。工作室制教学是在指导教师的带领下，引入相关的社会实践项目和教学案例，给学生创造或模拟实际工作的环境，将课堂教学与社会实践相结合，缩小学校教学和社会工作岗位需求的差距，提高学生的就业竞争能力。在工作室制的团队合作中，通过基础课程培养成员提高动漫制作所必需的色彩原理、造型比例等艺术修养，并以项目实践培养学生的创意能力、表现能力和设计执行能力。该模式主要是影视、动漫艺术与技术领域的教学与实践，以强调开放式、交互式、可调试式教学为特色，以视觉语言与数码影像艺术的系统性和民族文化的艺术性教学研究为重点，注重构建和营造开放式的教学与实践平台，注重艺术修养、学习能力和团队协作精神，注重基础理论和专业理论、软件操作的互补学习，并积极促进国内外影视、动漫艺术与技术教学的交流，为学生提供丰富、直接、国际化的专业设计信息。

（2）以兴趣和专长为本的因材施教模式。动漫专业的学生具有各自不同的兴趣与特长，在学习过程中，教师会提供较多的社会实践项目以供学生选择，而教师各自的研究方向也会形成多种兴趣小组，学生可以根据自己的情况对项目和小组进行选择，从而使得教师能够针对学生的具体情况因材施教。学生进入高年级后，可以在前期介入了解学习的基础上，选择工作室进一步学习，并为毕业创作、毕业论文以及将来的工作发展确定方向。这种模式充分考虑了学生自身的专长和特点，有利于更好地激发其学习兴趣和发掘其创新潜能。

（3）以实际项目内容为课程教学的特色模式。教学过程需要提炼思维主线，学生也要在这一过程中逐渐形成自己的知识主线，这样才能把多学科知识不断附着在一起并串联起来。动漫产品需要创新，教与学的过程不能墨守成规，但只有形成了相应的认知主线，才能将各种信息与知识融会贯通。以实际项目内容进行课程教学，可以使学生真切体验从动漫创意到动漫制作整个过程的实际运作情况，便于学生及早进入实际项目工作状态，并能通过制作动漫作品的实际项目运作过程，将理论与实践结合在一起。这种模式可以融合学生的兴趣与教学知识，并在项目创意与制作的过程中，使学生形成自己的知识主线与特色，达到学以致用的目的。

（4）产学研相结合的互补教学模式。高校、企业、协会可以共同搭建产学研合作平台，并在信息、教学、项目实践等方面形成具体合作内容。借助这种合作平台，高校可以通过更为丰富多样的教学内容与教学形式，让学生真实地接触实践项目，灵活运用专业知识服务于项目的需求；企业可以拓展自身工作空间，利用学校的设备、场地和人员更好地完成项目内容。可见，新型的产学研一体化的教学模式，可以有效整合各种资源，成为高校动漫专业人才培养的重要途径。同时，高校也可以通过建立动漫实习基地与企业进行更加紧密和长期的合作，这样更有利于形成动漫人才培养与动漫产业开拓的良性发展方式，并使得动漫专业教学与动漫市场接轨，从而推动动漫产业的发展，最终建立一套集动漫专业人才培养教育、创意制作、研究开发于一体的完备的人才培养体系。

第四章　上海市休闲娱乐产业公共文化
服务体制外人才队伍分析

休闲娱乐产业是现代社会的产物，发端于 19 世纪的欧美国家。在生产力发展的推动下，与休闲娱乐相关的产业逐渐在 20 世纪产生，并于 20 世纪 80 年代在发达国家进入高速发展时期。

一　休闲娱乐产业公共文化服务人才总体情况

（一）休闲娱乐产业发展现状

休闲娱乐涉及文艺演出及各种康乐活动，具体有文化娱乐、医疗保健、体育休闲、户外游乐、吧馆休闲等，常常成为旅游目的地的重要旅游吸引物，如美国的拉斯维加斯、中国上海的欢乐谷等。在实际发展中，中国的休闲娱乐业主要表现为以下几种业态，即旅游业、文化休闲业、演艺业、体育休闲业、休闲农业、休闲房地产业、邮轮业、休闲工业等。总体来看，休闲娱乐方式包括以下 5 种类型。

（1）知识型休闲。主要是利用休闲时间比较集中地学习知识或技能，这种知识或技能学习是正常学习、工作和研究之外的一种个人兴趣和爱好，具有实用价值性。

（2）旅游型休闲。主要是利用休闲时间到各地旅游，其目的是得到放松与增长见识，在此过程中，使身体得到锻炼，心胸得到开阔。

（3）收藏型休闲。主要是利用休闲时间收集各种藏品，是一种有趣且有益的生活享受和文化修养。

（4）体育型休闲。主要是以锻炼身体、延年益寿为目的，并培养娱乐和竞赛兴趣感，将身体锻炼融于体育娱乐活动之中。

（5）娱乐型休闲。主要是琴棋书画、花鸟鱼虫、游艺游戏等富有情趣的休闲活动，在这类休闲活动的某些方面需要注意节制，保持身心健康。

休闲娱乐产业的公共文化服务主要是依托上述产业内容，对公众提供公益性服务活动。

（二）休闲娱乐产业公共文化服务人才需求类型

休闲娱乐产业所需人才应懂得休闲娱乐市场运行规律，熟悉产业特点。从事与休闲娱乐活动相关的管理与技术人员，可分为经营管理、创意和专业技术三类人才。

（1）经营管理人才。此类人才包括行政管理人才和产业管理人才两种，其中，行政管理人才负责产业政策制定、行政管理、产业规划、监督实施等工作；产业管理人才是指休闲娱乐企事业单位和各休闲娱乐资源项目的管理者。在数量上，行政管理人才是产业管理人才的10%左右。

（2）创意人才。此类人才包括理念创意、实践创意、中介三种。其中，理念创意人才指休闲娱乐产业理论和实践研究创意人才；实践创意人才指休闲娱乐资源开发策划与经营管理创意人才、商品开发与销售创意人才；中介人才指专门从事大型活动策划组织、人才中介代理业务等方面的人才。总体来看，创意人才数量不足。在比例上，三类人才大致为1:6:1。

（3）专业技术人才。此类人才包括技术推广与传授人才、商品技术服务人才。前者指休闲娱乐项目中的教练员、救护员等；后者指商品营销人才、技术维护人才等。两类人才的比例基本平衡，占比均在45%左右，其他为民间表演艺人或私人教练等。

二　上海休闲娱乐产业公共文化服务人才现状

休闲娱乐产业公共文化服务人才是指懂得休闲娱乐业市场运行规律，熟悉产业特点，从事与休闲娱乐业公共文化服务活动相关的管理人员与技术人员。本次调研活动主要对上海演艺娱乐业进行了考察，调研发现，随着演艺业的不断发展，对创意、音乐、舞蹈、戏剧、舞美等不同层次、不同类别的演艺业人才的需求也将不断增加。这些人才的数量和质量将制约着演艺业的发展规模。同时，由于活动内容的丰富性，公共文化服务人才也有着不断扩大的要求，需要培养、造就足够的懂艺术、会经营、善管理的演艺团体管理、营销、策划人才。

（一）演艺业人才培训种类

演艺业的培训主要分为学历培训和非学历培训两大类，其中，学历培训机构主要为市内各开设有艺术类专业的高等和中等院校；非学历培训机构主要有三种，即公有性质机构、国有性质机构下属的培训学校（中心）、民办性质培训机构。这些非学历演艺人才培训机构，按培训对象及内容可以分为两大类：一类主要针对青少年，培训专业多为音乐（声乐、器乐）、美术、舞蹈、表演等，这类培训又分为业余辅导、考级辅导、艺术考前培训等种类；另一类主要针对成人，培训专业多为形体、舞蹈、声乐等。

（二）演艺业人才学历培训情况

（1）专业门类。在学历培训机构中开设的演艺类专业，按行业不同，可划分为以下门类：音乐类（器乐、声乐、作曲、音乐制作等）、舞蹈类、表演类（影视表演、戏剧表演等）、传媒艺术类（导游、主持、动漫、数字媒体艺术等）。

在演艺类学历培训机构中，音乐和舞蹈类专业由于需要较高的专业技能和较强的专业基础，入学门槛较高，因此开设该类专业的院校相对较少；表演类专业所需要的技能，通过短期培训即可获得，报考人数特别多，所以几乎所有艺术院校都开设表演类专业；传媒业近年来的蓬勃发展带动了传媒艺术类专业的迅速发展，报考人数居高不下，因此，大多数院校纷纷开设该类专业。

（2）学历层次及学生人数分布。演艺类学历培训机构培养层次普遍为大专和本科，中专层次仅局限于某些技能性很强的专业（如舞蹈等）或由原中等专业学校合并组建的职业学院。研究生及以上学历培养机构仍较少，仅限于部分部属院校和少量市属重点院校。

演艺类学历培训机构的在校学生人数分布呈现三种状态：一是民办二级学院和独立学院学生普遍多于公立院校；二是专业院校人数较综合性院校同专业人数多；三是部分"航空母舰"式的院校聚集了绝对多数的学生。

（3）师资队伍。演艺类学历培训机构师资情况呈现两个特点。①在流动性方面，公立院校师资状况普遍较二级学院和独立学院稳定。大多数公立院校拥有一批较稳定的专职教师队伍，而二级学院和独立学院师资流动性较强，聘请的兼职教师较多，他们虽然是行业内的专家，但并不固定在一处进行教学，或是把教学作为工作以外的副业。②在职称和资格方面，演艺类学历培训机构拥有较多职称较高的行业专家，但这种职称常常是根据演艺行业职称折算而来，部分教师的学历并不符合高校要求，很多都没有教师资格证。

（4）学生就业情况。随着近几年演艺类专业招生情况持续火爆，各院校招生人数纷纷增加，许多新成立的院校也加入招生行列，毕业生就业已经面临挑战。上海市演艺类学历培训机构的就业情况表现出以下几个特征。第一，就业统计的依据不准确。一些院校将考研决心书、实习证明、创业计划等模糊指标归为就业范围，客观上拔高了就业率。第二，就业去向几乎都指向文艺团体、传媒机构、教育机构、事业单位等，最后才列出公司、企业，从某种程度上显示出院校的一厢情愿。第三，部分就业率依赖升学。专升本、本升硕的升学模式虽然降低了当前待业人数，但只能在一定程度上延迟就业时间，不能从根本上扭转就业难的局面。第四，演艺类专业毕业生常通过各种途径隐性就业，如家长人际关系，以及兼职、个人创作等自由职业，后两种途径导致就业率的数据难以统计。

（三）演艺业人才非学历培训情况

演艺类非学历培训机构主要涉及的专业分为舞蹈、音乐（声乐、器乐）、表演等，主要培训对象为青少年和成人两个群体，其中培训针对具体人群又分为才艺培养、等级考试培训、健身培训、艺术高考强化培训等。

从培训目的数据来看，大多数演艺类非学历培训机构中的参培人员都带着发展个人爱好或发展一门特长的目的而来，通常这类参培人群为幼儿或青少年，由此会产生相应的公共文化服务活动。真正参培以达到健身、休闲或娱乐目的的人群比例通常不超过30%，这类人群多为白领阶层或中年人士；其余部分参培的青少年，目的直指等级考试或艺术高考考前培训，相应的，有大半艺术学校提供该类培训服务。

上海演艺类非学历培训机构教师配置呈现以下三个特征：①教师年龄结构年轻，多为演艺类院校毕业生、演艺院团青年演员等；②最高管理者或创办人一般为相关行业有一定资历的从业人员；③教师的流动性较强，长期稳定地在单一机构从业者较少。

（四）演艺业公共文化服务人才需求趋向

（1）人才需求年轻化。面向公共文化服务的演艺业，在服务内容、服务形式、服务频率等方面的要求不断提高的环境下，更加需要年轻人加入服务团队。

（2）人才需求多元化。在演艺方面，即便最小型的演出，也需要众多台前幕后人员，如创意策划、艺术总监、导演、演员、演员助理、经纪人、演出经理、字幕员、摄影师、灯光师、音响师、造型师、化妆师等。

三　上海休闲娱乐产业公共文化
服务企业人才总体情况

上海市休闲娱乐产业中企业众多，涵盖领域广泛，培养渠道多元。通过对上海市相关休闲娱乐企业进行调研，我们对该产业内企业在公共文化服务人才方面的情况有了总体了解。

（一）公共文化服务项目

上海休闲娱乐产业中各企业公共文化服务项目较多，主要业务包括动画、影视节目、创意民俗娱乐项目、节庆娱乐活动项目、"非遗"项目、社区文化项目等，并从项目内容、项目运作等方面体现了公共文化服务的特色。

（二）公共文化服务项目人才总体情况

休闲娱乐产业中的公共文化服务企业人才涉及类别较多，包括演艺、灯光、音响、活动策划、园区规划、环境规划、工程规划等各方面。同时，国内外人才交流活动频繁。总体表现出以下特点。

（1）从业人员年轻化特征明显。从现有员工从年龄结构来看，30岁以下员工占比在60%以上，40岁以下员工占比则达到90%。

（2）从业人员的稳定性较差。现有员工具有大学专科和大学本科学历的人数在85%以上，这些员工往往会在几年内离职，跳槽到其他同类单位。

（3）员工招聘方式多样。在员工招聘时，各企业主要以校园招聘、网络招聘、员工推荐、内部选拔等方式为主，招聘渠道比较广泛。

（4）企业急需项目运作人才。被调研企业普遍反映需要大量具有前瞻能力、创新能力和卓越的技术能力的项目运作人才。

（5）企业员工培训力度有待加强。各企业在提供公共文化服务的过程中，面临着项目多、创新要求高、理念及技术更新快等现实情况，需要通过进一步加大员工培训力度提高企业服务能力。

（三） 上海休闲娱乐产业公共文化服务企业领军人才代表

上海休闲娱乐产业公共文化服务企业领军人才代表情况如表 4 - 1 所示。

表 4 - 1　上海休闲娱乐产业公共文化服务企业领军人才代表情况

重点企业	领军人才	职务	简介
上海华侨城投资发展有限公司	金逸民	党委书记、副总裁	曾任深圳华侨城哈克文化有限公司总经理
上海东方明珠（集团）股份有限公司	薛沛建	监事长	上海文化广播影视集团党委书记、总裁，上海东方明珠（集团）股份有限公司监事长，上海精文置业（集团）股份有限公司董事长
锦江国际（集团）有限公司	俞敏亮	董事长	曾任上海扬子江大酒店有限公司总经理，上海新亚（集团）股份有限公司总经理

资料来源：笔者整理。

四　上海华侨城公共文化服务人才情况

上海华侨城是华侨城集团在长三角地区投资建设的大型综合区域项目，是华侨城集团全力打造中国最具创想文化和影响力企业的重要尝试。华侨城集团投资建设的上海欢乐谷主题公园（以下简称欢乐谷）定位于上海最具吸引力的文化产业核心项目、长三角重要旅游基地和具有国际影响力的中国顶级原创型旅游胜地，并把文化创意的种子散播到主题公园的每个角落，以提供公共文化服务方面。欢乐谷作为体制外企业已然成为举办高科技主题体验活动、创意活动的重要基地，同时培养和凝聚了大量中外文化、旅游、创意等方面相关专业人才。

（一） 公共文化服务项目

欢乐谷致力于打造集主题旅游、度假娱乐、会议休闲、商业配套等功能于一体的综合性旅游度假目的地。通过各种主题表演的方式展现其主要业务内容，包括原创动画、影视节目、原创少儿漫画类图书、原创连环画、世博专题等。其中，项目内容、项目运作等方面均体现了公共文化服务的特色（见表4-2）。

表4-2　欢乐谷主要公共文化服务项目类别及具体内容

项目类别	具体内容
创意民俗娱乐	提供精品演艺、主题娱乐、科技娱乐、文化创意，共涉及7个主题区域：阳光港、欢乐时光、飓风湾、金矿镇、蚂蚁王国、香格里拉、上海滩（其中上海滩区域预期建成互动博物馆，上海市青少年教育基地）
节庆娱乐活动	每年各类节庆活动，包括：新春欢乐节、踏青节、狂欢节、国际魔术节、旅游节、玛雅狂欢节、万圣南瓜节等
"非遗"	与东方网、文创办合作，预申请基地，做"非遗"项目，将饮食、音乐（乐器）、纺织、刺绣、表演（原汁原味）融入其中，甚至可以按照年代、地域板块将国外的典型建筑、文化符号融入进来
社区文化	以主题公园作载体，邀请社区群众、企业举办各类活动
文化大篷车（文化下乡）	每年到大学、厂矿、工业园区、徐家汇公演基地义务奉献各类文化活动
合作、培训	与文化部、杂协合作，建立魔术产业示范基地；为各类比赛提供场地，例如大学生魔术比赛；在园区里开设魔术、舞蹈等培训班；开设各类免费讲座

资料来源：笔者整理。

（二）公共文化服务项目人才总体情况

欢乐谷公共文化服务项目融入了国内外众多精通演艺、灯光、音响、活动策划、园区规划、环境规划、工程规划等方面的人才1800人左右，其中演艺人员最多时能达到300人。

（1）工作人员具有年轻化特征。从欢乐谷现有员工年龄结构来看，30岁以下员工占62%，40岁以下员工则达到91%。

（2）工作人员的稳定性较差。欢乐谷现有员工往往会在几年内离职，跳槽到其他同类单位。

（3）员工招聘方式多样。欢乐谷在员工招聘时主要采取了校园招聘、网络招聘、员工推荐、内部选拔四种方式，招聘渠道比较广泛。

（三）公共文化服务人才紧迫性问题分析

（1）吸收具体项目运作人才。欢乐谷力求与城市接轨、与世界接轨，打造最具吸引力的文化产业核心项目，为此，企业需要大量具有前瞻能力、创新能力和卓越技术能力的项目运作人才。但就目前来说，具体项目运作人才仍稍显不足，所需人才类别及要求如表4－3所示。

表4－3　欢乐谷公共文化服务项目所需人才类别及要求

所需人才类别	具体要求
高级技术人才	演艺、策划、编排、灯光、音响等高级技术人才，需了解世界潮流，可注入新鲜的血液，创新企业创意娱乐项目
规划人才	园区规划人才、文化布局规划人才、建筑规划人才等，能够与上海市、区域规划连接起来
设备管理人才	引进和设计高科技设备的高级人才，满足园区长足发展规划，与之相互结合、匹配，并能和上海文化都市相互匹配
IT人才	满足未来的市场拓展，实现互联网的信息获取，大资源、大数据的获取

资料来源：笔者整理。

（2）加大培训力度。欢乐谷在主营业务及提供公共文化服务的过程中，面临着项目多、创新要求高、理念及技术更新快等状况，企业自身现有的技术人才及其他工作人员需要及时了解世界文化潮流，及时掌握先进技术的应用。每年企业都依托集团力量及国际资源完成各类大项目的设计与实施，邀请专家来园区对员工进行培训，同时与济南大学、视觉艺术学院建立了合作关系，但培训力度仍不足，亟须政府相关部门提供有关演艺、策划、编排、灯光音响等高级人才和信息人才的短期技术培训、讲座。每年企业也需要邀请专业人士、学者、专家对项目的可行性、定位、投资规模等进行论证、探讨，对高新技术人才等进行专业指导，同时需要借助政府力量，与上海迪士尼以及国外相关国际著名企业建立长期合作或培训项目，进一步强化文化市场理论与实践方面的学习，进而实现上海文化市场的互补及差异化。

（3）提高现有人才待遇。欢乐谷现为国资委央企，工资分配制度模式化、固定化，与其他同类私企相比，员工的工资比较低，虽然公司政策尽可能地向人才倾斜，并设有人才培养渠道，但人才仍存在一定程度的流动性。打破体制的束缚，并与私企建立合作关系，或许可以真正实现人才的有效激励，提升工作人员的工资和待遇，以留住人才，发挥人才的最大作用。

（4）尽早、尽快掌握文化产业人才政策。人才政策每年都会存在一些变动，欢乐谷在尽快、尽早了解掌握文化产业人才政策方面还存在一定不足。在这方面，企业还需要得到政府的支持和指导，需紧跟政府的脚步，及时获取职称评定一系列相关政策，并在政策审批、报批等环节上能够得到支持和享受"绿色通道"。

（四）上海华侨城公共文化服务内容

（1）重视节庆进社区。相对于游客们单纯理解的游乐概念，欢乐谷把对文化主题的经营放在更重要的位置，并把文化创意、演艺节目带到社区、街道、工业园区等，在南京路步行街、港汇等商圈，以及大学、厂矿等地开展丰富多彩的公共文化服务活动。

（2）打造魔术创新基地。国际魔术节已成为欢乐谷标志性的节庆活动品牌，并成为世界魔术界的一项盛事，是世界各国魔术大师展示技艺、国内外魔术艺术交流融合的重要平台。欢乐谷还将组织魔术师深入到校园、社区，从魔术的理论、历史到魔术节目的培训等多个层面，让魔术能在校园得到普及、传承，为培养魔术后备人才打好基础。进一步的，欢乐谷还举办上海大学生魔术比赛、泛长三角魔术金手杖大赛等，并建立公益性的魔术展示、培训示范基地。

（3）积极创建文化志愿者服务基地。重视上海文化志愿者服务基地的建设，并使之成为人才交流的蓄水池、人才库。

第五章　网络视听产业公共文化服务体制外人才队伍分析

一　网络视听产业公共文化服务人才总体情况

所谓网络视听，即基于互联网协议（IP）技术形态，以计算机、电视机、手机等各类设备为接收终端，通过移动通信网、固定通信网、微波通信网、有线电视网、卫星或其他城域网、广域网、局域网等，从事开办、播放（含点播、转播、直播）、集成、传输、下载视听节目等服务的活动。2016 年，在网络使用情况中，网络新闻、网络视频、网络音乐等娱乐类内容使用率已经分别达到84.0%、74.5% 和68.8%[①]。

（一）从业人员状况

（1）以大学学历为主。数据表明，从事网络视听公共文化服务的专业人员多由年轻群体构成，他们的年龄分布主要集中在 18~35 岁，以具备大学本科和专科（高职）学历的中高等文化程度者为主体，占所有员工数的近九成，具有硕士学位的员工为 10% 左右。

（2）学科相关度低。近一半的员工具有新闻传播和计算机专业背景，还有少量的经济、财会、市场营销、通信工程等专业人员。专业人员所

[①] 《第 39 次〈中国互联网络发展状况统计报告〉》，2017 年 1 月 22 日发布，参见 http://www.cnnic.cn/gywm/xwzx/rdxw/20172017/201701/t20170122_66448.htm，最后访问日期：2017 年 6 月 12 日。

占比例较小。数据表明，有高达 30.6% 的从业人员的学科背景与网络视听行业相关度不高，他们多是从外专业转入的。

（3）管理人员较少。在工作岗位分布上，网络视听专业人员从业后，多以内容策划与制作工作为主，其次是技术研发和市场营销工作，企业管理人员所占比例较小。

（4）招聘渠道多样。在现有的公司员工中，通过"先实习后录用"进入公司的员工最多，以"人才招聘会""广告招聘""朋友介绍"途径进入公司的员工也占有较大比例。

（二）专业素质要求

网络视听人才总体需求较大。需求主要集中在内容策划与制作和市场营销岗位，对岗位分工的细化程度要求较高。学历要求普遍集中在本科层次上，技术研发和企业管理岗位要求稍高，为本科或研究生学历。

①内容策划与制作人员的能力素质要求。网络视听节目的策划和创新能力最为重要，数据表明，内容生产人员还需要具备文案撰写、编辑制作、设备操作等能力，这些是该类人员从业的基本素质。

②市场营销人员能力素质要求。网络视听产业链沟通能力被认为是市场营销人员最应具备的素质。同时，必须以消费者为核心和出发点，借助一切信息营销手段了解网民的消费心理和消费行为，建立企业和消费者之间的牢固关系，并实现电视节目在网络上的衍生和增值。

③技术研发人员能力素质要求。技术研发人员应当掌握计算机编程、数据库、网络传输与通信以及数字视音频处理等技术，以便在网络信息平台上实现影音节目的流媒体播放和下载观看。需要强调的是，数字版权技术也应成为技术研发人员的必备能力。

④企业管理人员能力素质要求。企业管理人员必须能够敏锐地观察本行业的市场环境状况，准确分析甚至是预判国家相关产业政策以及产业价值链的变化，并以此为基础对企业的发展方向和步骤做出战略性布局和规划。

二　上海网络视听产业公共文化服务人才现状

上海网络视听产业的发展处于成熟期，产业政策明确、产业中企业身份明朗、企业盈利模式逐步建立、重点企业地位逐渐树立。目前，上海市拥有百视通、土豆网、PPTV 等持证备案视听网站（公司）40 多家。近年来，上海市文广局通过强化先审后播制度，强化审核队伍建设，强化节目备案落实，强化节目监管手段，鼓励视听节目创作生产，深化网络视听节目管理。上海市文广局向上海市委市政府特别申请设立了每年1000 万元的网络视听产业专项资金，用于鼓励和扶持上海网络视听精品节目创作生产以及整个上海网络视听产业的发展。可以说，上海市网络视听行业管理科学，战略规划力度大，产业开发实力强。在新兴的网络视听行业领域中，绝大部分人员从业时间在 5 年以下。在网络视听从业人员的就业选择因素中，大部分员工更为看重新媒体行业良好的发展前景，认为该行业全新的传播和运作方式会给个人提供广阔的发展平台。对于公共文化传播，网络视听业积极扮演文化传承者的角色，给公共文化服务领域带来巨大变革。

（一）网络视听产业公共文化服务现状

在提供公共文化服务方面，网络视听重塑了公共文化传播环境、创新了公共文化模式、拓展了公共文化服务空间。由于网络媒体的逐步发展及智能数字化平台的普及等因素，网络视听产业公共文化服务呈现如下特点。

（1）拓展了服务空间。2012 年，上海市文广局开通了"文化上海"政务微博，利用该微博为市民提供优质的网络公共文化服务，"文化上海"挖掘了上海本土文化，打造出独具特色的文化品牌，拓展了公共文化服务的虚拟空间。

（2）深化了服务内容。2013 年 5 月，"东方传媒"公共信息服务智能终端上线运行，继续强化了新媒体的公共文化服务功能。智能化文化接收终端能有效追踪文化信息使用踪迹，透视文化传播趋势，利用数字化技术勾勒文化产品使用频次，从而形成"大文化"数据库，将文化接受者的文化使用习惯、使用频率、使用特点通过数字化平台呈现出来。

（3）拥有市场契机。网络视听产业发展伴随着技术瓶颈及市场化运作对公共文化服务的公益属性挑战。数字公共文化服务在保障一部分人文化利益的同时，也将与网络视听绝缘的底层群众隔离在网络公共空间之外，阻碍公共文化服务的均等化建设。另外，依托互联网、移动网、广电网以及新媒体技术平台的文化服务系统尚未全面形成，保障数字公共文化服务体系的制度尚未明确，这都为网络视听产业的市场力量进入公共文化领域提供了契机。

（4）面临龙头企业引领不足的挑战。上海市网络视听产业格局在今后三至五年的发展期中，可能面临缺乏领军龙头企业、整体分布相对分散、文化自觉意识和社会价值归属感不强等挑战。

（二）网络视听产业公共文化服务人才需求特征

网络视听产业的发展对相关人员的能力有着明确的要求。从公共文化服务人员的工作性质来看，可分为专业型人才、经营型人才和复合型人才；从公共文化服务人员的工作内容来看，包括内容策划与制作人才、技术研发人才、市场营销人才、企业管理人才四类人员。

（1）从工作性质来看的人才需求

①专业型人才。专业型人才主要是指采编人才，包括记者、编辑、主持人等在内的一线采编人员。一名优秀的采编人员需要具备社会责任感、理性观察与思考、专业精神等。采编人员是媒体产业"无形产品"的生产者，其专业化的判断及理性的思考是"内容为王"的媒体产业的核心竞争力。提供公共文化服务的一线人员正是采编人员，因此，需要他们更专业化地提供公共文化服务。

②经营型人才。经营型人才属于市场营销型人才，担负着市场、策划、发行、广告、品牌运营等职责。该类型人才应具有市场运营的专业知识、专业技能及市场管理的综合能力。特别是现今新媒体的不断发展，

改变了原有传统媒体产业的市场格局、行业成功因素及服务对象需求等产业价值链。因此，必须要求经营型人才不断审视市场环境及市场需求，更高效地提供公共文化服务。

③复合型人才。复合型人才属于媒体高级经营管理人才，包括电影、电视、广播节目制作人，报业传播业务项目经理，出版界项目负责人等。这类人才是高层次的复合型人才，能够将媒体传播与经营管理知识和能力融为一体。在公共文化服务中，该类型人才应具有把握体制和政策的能力，要有清醒的政治头脑和敏锐的政治意识；同时，也需要较强的机制创新能力、业务能力及组织经营管理能力。作为媒体的经营管理者，必须将产品创新、市场创新、管理创新与制度创新结合起来，使公共文化服务保持贴近用户、服务用户的根本定位。

（2）从工作内容来看的人才需求

从工作内容来看，网络视听专业人才包括内容策划与制作、技术研发、市场营销、企业管理四个岗位的人员。各岗位的具体需求如表 5 - 1 所示。

表 5 - 1　网络视听产业人才需求情况

岗位划分	具体类别
内容策划与制作	制片人
	新闻采编
	体育娱乐节目编导
	生活服务节目编导
	教育节目编导
	美工设计
技术研发	软件工程师
市场营销	市场销售经理
	客户公关
	内容公关
	媒介公关
	节目推广人员
	增值互动业务开发人员

岗位划分	具体类别
	财务管理人员
企业管理	战略管理人员
	生产管理人员

资料来源：笔者整理。

网络视听产业人才总体需求较大，并主要集中在内容策划与制作和市场营销岗位，对岗位分工的细化程度要求较高。这些岗位的学历要求普遍集中在本科层次上，而技术研发和企业管理岗位对学历的要求相对更高一些。具体来看，对各类别人员的能力素质要求侧重不同（严三九，2009）。

①内容策划与制作人员的能力素质要求。在内容策划与制作人员的能力素质需求方面，网络视听节目的策划和创新能力最为重要（见表5-2）。由于网络视听消费在观赏心理机制、接受体验方式以及获得商业回报的途径上与电影、电视等传统模式的观赏方式存在着差别，由此形成了吸引受众、错位竞争的独特优势，并处于相对个体化、自由化的状态，所以对内容的策划和创新要求较高，而并非简单地将影片或电视节目放在网上供受众下载或在线收看。目前，互联网已经进入了以多媒体娱乐和应用服务为中心的新时期，"内容"成为网络视听的核心竞争力，是其获取持续优势的来源。网络视听的内容策划与制作人员应在节目形式和内容编排方面，摆脱传统的束缚，展现网络媒体的独特风格。当然，内容生产人员还需要具备文案撰写、编辑制作、设备操作等方面的能力，这也是该类人员从业的基本能力素质要求。

表5-2　内容策划与制作人员能力素质要求

排序	能力素质要求
1	基于网络视听信息平台的栏目内容
2	网络视听节目创新
3	文案撰写
4	熟悉网络视听节目生产流程

排序	能力素质要求
5	内容的编辑制作
6	数字设备操作
7	信息平台整体风格把控能力
8	网络视听业政策、法规把握
9	美术
10	音乐

资料来源：严三九，2009，《上海市网络视听专业人才情况调查》，《华东师范大学学报》（哲学社会科学版）第 6 期。

②技术研发人员能力素质要求（见表 5-3）。在技术研发人员方面，计算机编程、数据库、网络传输与通信以及数字视音频处理等技术是能力素质的重要要求。这些技术对实现影音节目在网络信息平台的流媒体播放等是极为重要的。另外，数字版权技术也是技术研发人员必备的能力。在网络视听行业迅速发展的形势下，一些内容提供商（ASP）、网络运营商（ISP）以及一些非法经营的网上影音服务商，在提供视听服务时，基本都没有取得影音节目版权所有者的授权，严重侵害了节目版权所有者的利益，也为整个网络视听行业的健康发展埋下了巨大隐患。因此，数字版权管理系统（DRM）作为一种国际通行的、有效保护节目知识产权的技术手段，已经成为数字媒体业务中技术研发人员重要的技能要求。

表 5-3　技术研发人员能力素质需求

排序	能力素质要求
1	计算机编程技术
2	数据库技术
3	网络传输与通信技术
4	数字视音频处理技术
5	数字版权技术
6	电视节目上下载技术
7	网络视听播出系统的维护及相关技术

资料来源：严三九，2009，《上海市网络视听专业人才情况调查》，《华东师范大学学报》（哲学社会科学版）第 6 期。

③市场营销人员能力素质要求（见表5-4）。在市场营销人员方面，网络视听产业链沟通能力是其必备的专业素质。网络视听产业链包括内容提供商、中间渠道、系统集成商、软件技术提供商和基础电信运营商等，市场营销人员应对产业链条的各个环节具有敏锐的洞察力和高超的协调力，并能判断和分析出该行业的价值链构成，从而迅速找准自身企业的定位，通过整合资源、提升能力，形成独特的竞争力及合作共赢的商业模式。另外，市场营销人员必须将消费者作为核心，深入了解消费者的心理和行为，建立完整的消费者资料库，提高客户忠诚度，打造企业品牌，从而能更好地应对竞争激烈的市场环境。为此，市场营销人员需要有能力对信息资源继续统一配置和统一使用，把广告、促销、公关、新闻、包装、产品开发等所有的营销活动进行整合重组，让消费者可以从不同的信息渠道获得品牌的一致信息，从而增强品牌诉求的一致性和完整性。

表5-4　市场营销人员能力素质需求

排序	能力素质要求
1	网络视听产业链沟通（与产业链中广电企业、网络运营商、终端制造/销售商等的协调能力）
2	品牌延伸与开发
3	商业模式开发
4	信息营销
5	资源调配
6	整合营销
7	网络视听行业政策法规把握

资料来源：严三九，2009，《上海市网络视听专业人才情况调查》，《华东师范大学学报》（哲学社会科学版）第6期。

④企业管理人员能力素质要求（见表5-5）。网络视听行业的企业管理人员必须具备较强的概念能力，即从宏观环境、行业环境两方面对企业的外部环境进行敏锐和准确的分析，从而预判相关产业政策、经济发展形势、产业价值链形态、社会文化特征、技术研发趋势等，并以此为基础确定企业的发展战略目标，制定企业战略的具体规划方案。进一步

的，企业管理人员可以对人员、资源进行有效的整合与调配。

表 5 - 5　企业管理人员能力素质需求

排序	能力素质要求
1	人员、资源调配
2	企业战略管理
3	网络视听市场环境分析
4	网络视听节目生产流程管理
5	网络视听产业链沟通（与产业链中广电企业、网络运营商、终端制造/销售商等的协调能力）
6	熟悉国家网络视听产业政策
7	财务管理

资料来源：严三九，2009，《上海市网络视听专业人才情况调查》，《华东师范大学学报》（哲学社会科学版）第 6 期。

（三）上海网络视听产业公共文化服务企业人才总体情况

以互联网为支撑的新文化业态繁荣发展，上海网络视听产业在全国已占据 70% 的市场份额。

（1）公共文化服务项目

①公共文化服务功能设置。网络视听企业一般通过举办大型会展、组织参观接待、开展媒体互动等活动提供公共文化服务。其中，开展网络平台的公共服务活动受众面较广、服务便捷易行，可以发挥更好的作用。

②公共文化服务平台建设。网络视听公共文化服务平台主要包括内容制作、技术服务、版权交易三类平台，将服务于视听内容的制作、存储、播出、分发、交易和监管等环节。

（2）公共文化服务项目人才总体情况

①从业人员高学历、年轻化特征明显。从事网络视听的专业人员多由年轻群体构成，从年龄结构来看，30 岁及以下员工占 50% 左右，40 岁及以下员工则占 90%；从学历结构来看，本科及以上员工所占比例达到了 80% 以上，具有硕士学位的员工超过了 10%。

②专业背景集中于新闻传播和计算机。在专业分布上，近一半的员

工具有新闻传播和计算机专业背景。同时，数据表明，有高达30.6%的从业人员的学科背景与网络视听行业相关度不高。

③从业人员的职称层次较高。具有中级职称的人数占到20%以上，而且，近三年内取得中级职称的人数较多，这反映出员工较好的成长性。

④员工能力提升方式单一。各企业近几年引进人才数量较少，相关培训不多，员工能力提升主要依靠个人进修的方式进行。部分员工认为，自身知识结构的不足影响了对新观念、新技术的理解和把握，从而难以适应新媒体的发展需要。

⑤项目管理人员比例较为合理。在工作岗位分布上，网络视听专业人才从业后，多以内容策划与制作工作为主，其次是技术研发和市场营销工作，企业管理人员所占比例较小。各企业现有管理人员与其他人员的数量比例大致为1:4，从公司管理幅度设置的一般经验来看，管理人员分布较为合理。

⑥从业人员的稳定性较好。各企业员工工作年限在三年以上的比例在50%以上；工作一年以上且不满三年的比例约为1/3。员工离职率普遍较低。

⑦员工招聘方式比较单一。各企业在员工招聘时主要采取了网络招聘的方式，招聘渠道比较单一。

⑧商业运作模式不成熟影响专业特长发挥。接近半数的从业人员表示自己的专业特长发挥的不充分或者难以发挥，其主要原因是网络视听业缺乏成熟的商业运作模式和足够的资源，即使有好的创意或方法也难以实施，这显示出当前网络视听人才所面临的主要困境。

（3）上海网络视听产业公共文化服务企业领军人才代表

上海网络视听产业公共文化服务企业领军人才代表情况如表5-6所示。

表5-6 上海网络视听产业公共文化服务企业领军人才代表情况

重点企业	领军人才	职务	简介
百视通新媒体股份有限公司	陶鸣成	董事、总裁	上海电视广播集团有限公司副总裁，上海文广互动电视有限公司总经理

重点企业	领军人才	职务	简介
上海众源网络有限公司 PPS	徐伟峰	总裁	资深 IT 职业经理人，曾任 Ezpeer、Real-lusion 等国内外公司大中华区负责人
土豆网	杨伟东	总裁	诺基亚前中国区营销及市场活动总监
上海聚力传媒技术有限公司	姚欣	总裁	PPTV 创始人

资料来源：笔者整理。

三 国家网络视听产业基地公共文化服务人才情况

以互联网为支撑的新文化业态繁荣发展，上海网络视听产业在全国已占据70%的市场份额。2010年2月21日，国家广播电影电视总局正式批准上海市文化广播影视管理局与上海紫竹高新技术产业开发区共同建设全国首个国家级网络视听产业基地（以下简称"网络视听基地"）。该基地规划占地 220 亩，规划总建筑面积约 40 万平方米，并力争在 5～10 年内建成为年产值超百亿、达到国际一流水平的网络视听产业集聚区，打造一条具有集聚效应和示范效应的文化创意产业链，涵盖内容制作、产品交易、集成播控、技术研发、视听云计算及应用、基础电信服务等。

表 5－7　2015 年网络视听基地入驻核心企业

企业名称	企业简介
百视通（BesTV）	国内领先的 IPTV 新媒体视听业务运营商、服务商。在网络电视（IPTV）技术方面与微软、Cisco、华为等国际知名公司合作，拥有业界领先的媒体运营管理平台
PPS（www.pps.tv）	全球最大的网络电视服务商，除网络电视播放器外，还提供影视百科、影视搜索等多样化的产品及服务。目前已拥有超过 20 万套的频道节目，总安装量已达 4.5 亿户，稳居网络电视第一
土豆网（Tudou.com）	中国最早最具影响力的视频分享网站，中国网络视频行业的领军品牌，全球最早上线的视频分享网站之一。目前，土豆网每天独立用户数超过 2500 万个，每月 2 亿用户，其中超过 8000 万个为注册用户

企业名称	企业简介
激动网	中国领先的三屏合一互联网视频服务提供商，国内领先的视频新媒体。由全视频媒体网站 JOY. CN、付费视频（VOD）、手机视频（3G）三个业务单元组成。2010 年获得国内民营视频网站首张新闻牌照。VOD、3G 业务规模居视频行业第一
PPTV	服务于中国及全球互联网用户社群的网络电视技术平台提供商，是第五代网络新媒体中的领军企业，也是第一家向海外输出中国自主知识产权技术及专利，并被国际知名企业、机构（哈佛、麻省理工、微软研究院）广泛引用的视频企业

资料来源：笔者整理。

网络视听基地以园区的形式运营，基地重点搭建的公共服务平台包括：网络视听云计算中心、多媒体高清制作中心、数字内容分发平台、节目交易中心、集成渲染系统、音效合成系统、国际交流中心、人才培训中心等。上述公共服务平台将为企业提供专业的软硬件系统支持以及完善的资讯、人才、交易中介等服务。此外，基地还将在国家新闻出版广电总局和上海市政府的指导下，每年承办"中国网络视听产业论坛"，以推动中国网络视听产业的发展。园区是企业发展的重要载体，本次对园区的调研，是在园区整体层面上对园区提供公共文化服务的相关人力资源问题进行的研究。

（一）公共文化服务项目

（1）公共文化服务功能设置

网络视听基地公共文化服务内容构成与功能设置情况如表 5-8 所示。

表 5-8　网络视听基地公共文化服务内容构成与功能设置

内容构成	具体功能
主题广场及主题轴	举办大型会展、组织参观接待、开展媒体互动等活动
数字新媒体研发运营区	满足各类数字新媒体企业研发、运营等
综合楼宇区	涵盖了公共设施服务平台、用户体验空间、多功能观演厅、按五星标准设计的云计算中心、行业协会、风险投资机构等
配套服务区	包括人才俱乐部、健身中心、大型餐厅及小型特色餐厅、配套商业服务网点、招商、规划展示、物业管理与车库等

资料来源：课题组整理。

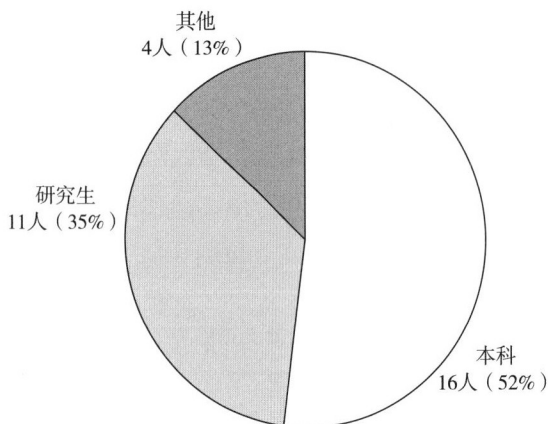

图 5 - 2　网络视听基地员工学历结构

其他
4人（13%）

研究生
11人（35%）

本科
16人（52%）

资料来源：课题组整理。

（2）从业人员的职称层次较高。网络视听基地现有员工中，具有中级职称的为 5 人，占全部员工的 16%，而且，其中 4 人为近三年内取得中级职称资格，表明员工的成长性较好。目前，公司拥有高级职称的员工为 1 人。

（3）员工能力提升方式单一。网络视听基地近三年没有引进人才，也没有进行相关培训，员工能力提升主要依靠个人进修的方式进行。近三年来，共有 6 名员工通过个人进修的方式进行能力提升，占员工总数的 19%。

（4）项目管理人员比例较为合理。网络视听基地现有管理人员 6 人，与其他人员的数量比例为 1 : 4.2，从公司管理幅度设置的一般经验来看，高层管理人员的管理幅度一般为 4 ~ 5 人，中层管理人员的管理幅度一般为 6 ~ 9 人。可见，从管理幅度上看，网络视听的管理人员分布较为合理，数量充足。

（5）从业人员的稳定性较好。网络视听基地现有员工中工作年限在三年以上的为 17 人，占 55%；工作一年以上且不满三年的为 11 人，占 35%；工作时间不满一年的仅 3 人，占比不足 10%。并且，该基地 2013 年的员工离职人数为 1 人，离职率为 3%。较好的工作稳定性为员工的培养、管理以及梯队的形成营造了良好的环境。

（3）员工能力提升非常受重视。沪江网近三年引进人才 20 名，并且均为行业内具有丰富经验的领军人才。公司培养员工 200 人，采取个人进修方式提升能力水平人数达 300 人，共涉及员工 500 人，占 62.5%。可见，沪江网非常重视员工能力的提升。

（4）员工管理效率较高。沪江网管理人员 80 名，公司现有管理人员与其他人员的比为 1:9，公司 87.5% 的员工为专业技术人才。虽然公司管理人员的管理幅度超出平均水平，但访谈结果表明，由于公司员工具有较高的自我管理能力，公司的管理效率仍然较高。

（5）员工扩张性流动特征明显。沪江网 2013 年员工离职人数为 80 人，离职率达到 10%，但 2014 年所需要的员工数为 255 人，约占现有员工的 32%。根据访谈情况，公司具有一套成效显著的激励与淘汰机制，并由此形成人员迅速扩张的局面。

（6）员工招聘方式多样，但以网络招聘为主。沪江网在员工招聘时主要采取了校园招聘、网络招聘、员工推荐、内部选拔四种方式，招聘渠道比较广泛，但招聘仍以网络为主，人力资源部的日常工作很大一部分是通过电话约谈有意向的应聘人员。

（二）公共文化服务项目人才培养情况

（1）在公共文化服务项目运作中，沪江网培养和锻炼了一批项目负责人才。该公司在推广、物流、营销等方面培养了引领项目成功的关键人才（见表 5 - 11）。

表 5 - 11　沪江网曾参与公共文化服务项目的关键人员

姓名	性别	年龄（岁）	职务	参与的项目	项目贡献
WRC	男	29	市场总监	全民阅读服务平台建设	推广宣传
ZSX	女	24	营销总监	全民阅读服务平台建设	市场营销
WYM	男	32	物流总监	全民阅读服务平台建设	物流配送
ZXY	男	26	网店总监	全民阅读服务平台建设	线上推广
XLF	男	29	项目总监	全民阅读服务平台建设	项目执行

资料来源：笔者整理。

（2）现有员工尤其是管理人员的能力亟待培训提升。通过调研，沪江网明确表示公司现有员工基本可以满足提供公共文化服务的实际需要。同时，也认为相关人员面临的主要问题是管理知识薄弱、行业知识不足。调研发现，沪江网员工的年均培训天数为 10 天，并以个人进修为主要方式，这表明在专业知识以及管理知识方面，公司需要对管理人员进行系统和持续的培训。

（3）公司急需非技术性人才。作为语言学习门户网站，沪江网所迫切需要的并非语言专业人才或者技术性人才，而是创新（原创）人才、营销宣传人才和项目运营人才，这一需求状况在公司运作公共文化服务项目的过程中表现得更为突出。

（4）通过提供顺畅的晋升通道和发展机会建立人才激励机制。公司引进和留住高层次文化服务人才的方式主要有提高工资福利待遇、改善工作环境、提供晋升通道和发展计划，并以建立健全完善的晋升通道为特色。

（三）沪江网公共文化服务领军人才代表

于杰作为沪江网联合创始人兼 CFO，具有对教育本质的深入理解，在网络视听产业公共文化服务的战略、运营、管理等方面具有独特经验，并主要有以下观点。

（1）在线教育的本质是教育。教育需要专注、坚持，在自己的细分领域里，把教育、学习和服务做得最好，质量是用户充分信任的基础。

（2）创业者需要开放合作的心态。创业者需要与产业链上的其他主体合作与融合，迅速提升产品质量，满足海量大数据的需求，才能适应未来互联网的变化。

（3）重视互联网思维。强调沪江网是一个专注互联网学习的媒体，一个专注互联网学习的电商，以及第一代互动在线学习平台。

（4）突出群众路线。认为网络视听产业公共服务的评估标准来自于群众，应重视群众对于所提供服务的满意度，面向群众，提倡全民阅读。

（5）以党建思想提高管理水平。培养红色党建管理特色，坚定教育理念，全力以赴引领先进、优秀的公共文化服务，脚踏实地并主动地工作。

为了进一步做好网络视听产业的公共文化服务工作，于杰提出了以下建议。

——开展双向挂职工作。在产业市场化的过程中，为了做好政府监管工作，政府部门相关储备干部到重点企业进行挂职、下基层锻炼；企业相关管理人员也可以到政府部门从事对接性工作。

——搭建互联网教育的舞台。网络视听产业中的互联网教育应该是今后一个时期的工作重点，为此，通过提供待遇、施展才干的舞台，吸纳业内优秀人才。

——加快工作融入感。通过培养独立、主动的企业文化，推动工作小组的自发形成和自我激励，启动梦想，加快员工对网络视听产业公共文化服务项目的融入感。

五 上海网络视听产业公共文化服务 体制外人才培养对策

根据上述情况分析，上海网络视听产业公共文化服务领域体制外人才的培养需要从高校与企业两个方面着手。

（一）整合高校人才培养体系

从网络视听产业公共文化服务人才的需求特征可以看出，高校对于网络视听业人才的培养要有综合性教学平台，即融合计算机技术、新闻编辑、营销策划、广告设计等多种学科，以培养适应新媒体产业发展的复合型专业人才。由于网络视听行业各岗位在内容、技术、市场、管理之间的融合度很高，所以对相应的人才需求也是综合性的，涵盖了工程技术、经济管理、营销策划等多个方面。高校在人才培养中需要打破传统的培养模式，确立适应新媒体市场的学科体系和培养定位，并着重于以下几个方面。

（1）培养创新能力。创新是网络视听行业发展的关键，因为该行业并没有可以依循的前期经验，相关人才需要具备较强的创新能力，只有这样才能满足市场的较高需求。在创新内容方面，一是在节目策划与制作上进行创新，满足特定受众的收视心理；二是在节目形态和节目内容方面进行创新，满足其独特的传播特点；三是在商业运作模式方面进行创新，实现节目内容的衍生与增值。

（2）培养实践操作能力。当前网络视听从业人员的专业技能和动手能力普遍不高，无法适应网络视听所涉及的数字化、网络化、流媒体等先进技术的要求。因此，需要从创作观念、专业分工、采编方式等方面对从业人员进行系统培养，加强相关人员的整体思考能力与实践操作能力。

（3）培养市场意识。网络视听行业正处于成长期，面临着激烈的市场竞争，这要求从业人员具有较强的竞争意识，能够在复杂的外部环境中，发现机会与挑战，并且能够清醒地认识自身的优势和劣势，把握价值链中各个环节的特点，合理地调配资源与能力，形成自身的独特竞争优势，从而有利于公司制定相应的发展战略，产生以消费者为导向的新型商业模式，并最终使企业取得卓越绩效。

（二）建立校企联合培养人才模式

网络视听行业从业人员虽然普遍缺少实践经验，但是其所必需的理论素养的不足也应受到重视。无论是在校学生还是工作人士，其之所以不能清晰地辨识产业未来的发展前景，甚至不能深入地理解新媒体相对于传统媒体的独特性，正是因为没有充分利用高校丰富的智库资源和广阔的研究视野，没有结合校企两方面的平台资源，为员工提供有关鲜活案例的规范和系统的理论阐释。通过系统构建校企联合培养平台，保障理论与实践相结合的合理设置。总体来看，该平台拟包括隐性平台与显性平台两部分，并涉及校企、校校等多主体间的合作（见图5-3）。

（1）教师在线平台。教学效果以及校企合作效果受到学生学习能力与知识吸收能力的影响，因此加强学生的培训与组织学习成为提升其管理实践能力，并最终提高其网络视听行业服务能力的重要举措。可以采

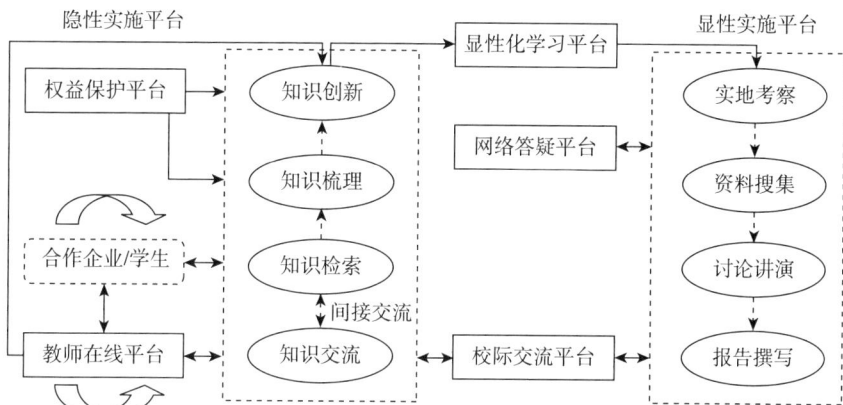

图 5 - 3　校企联合培养平台示意

资料来源：笔者整理。

用文档化资料如知识库、操作手册等显性知识对学生进行专业培训，教师包括企业兼职教师应在培训活动中扮演核心角色。而对于其中的隐性知识，一方面需要借助教师在线平台进行持续沟通，将各自所掌握的知识转化成易于理解的形式；另一方面需要在教学实践过程中对知识进行加工、总结和归纳，形成个人独有的经验和知识，即这一过程不仅包括知识的转移和利用，还包括知识的生产。教师在线平台可以通过技术网络把各企业管理人员与学校教师连接在一起，进而把相关经验沉淀于该平台。

（2）显性化学习平台。一般来说，某企业的情况并不为其他企业所了解，更不为学校所了解，因而在工作内容、方式、成果等相关信息方面，呈现事实上的隐性特征。通过在各主体间建立教学合作显性化平台，可以将教学以及企业工作过程中的相关信息以某种形式公开发布。例如，企业通过该平台及时发布网络视听业的知识需求信息，便于学校师生开展研讨。另外，可以通过该平台发布相关政策法规以及行业发展情况，加深学生对行业具体情况的深入与系统理解，预测行业与企业发展趋势，形成战略思考的习惯和能力。

（3）网络答疑平台。互联网尤其是当下的移动通信设备是基于用户关系的信息分享、传播和获取的重要平台，用户可以组建其网络社区或工作群。网络视听行业中的企业可以通过这种形式为自身创建更多知识交流共享的机会，也可以更多地通过这种渠道实现知识信息的即时分享与沟通。学校师生可以更为便捷快速地在这一平台上提出问题、表达疑惑，师生间特别是企业方面的相关人员可以就实践中的做法，对问题做出相应的解答，也可以就此展开更为深入的讨论。在这一沟通平台中，所提出的问题会得到各方的关注与解答，一方面这种沟通可以成为教学活动的一部分内容，另一方面也可以增加企业威望，有利于企业建立良好的声誉。

（4）校际交流平台。学校应该利用自身的非营利性地位，搭建校际交流平台。该平台类似于公益性虚拟组织，围绕提高学生的管理实践能力，把各方力量组织在一起，达到资源整合的效果。并且，进一步地，可以把虚拟的组织通过现实的活动来展现出来。首先，该平台具有原始数据收集功能，在学校的推动下，各方主体可以在该平台展示相关知识信息，提供相应的在线阅读或资料下载服务；其次，该平台具有公共服务功能，即学校作为平台维护方，可以将相关信息整理形成清晰的知识地图，为学生学习提供有力支持。

（5）权益保护平台。在较为深化的校企合作过程中，由于校企各主体间有较多的知识共享行为，因此，该平台一是要促使合作主体明确知识共享的宗旨和目的，规定各自的权利义务与合作准则；二是提高合作退出壁垒和成本，防止相互欺骗与其他机会主义行为的发生；三是明确需进行必要保护的关键资源的范围；四是提倡合作主体间签订详细的保密协议。

第六章　游戏产业公共文化服务
体制外人才队伍分析

一　游戏产业公共文化服务人才总体情况

（一）游戏产业发展现状

通俗来说，游戏就是供人们闲暇时间玩乐的文娱项目，游戏产业随着经济水平提升而呈现蓬勃发展的趋势。伴随着网络时代的到来，网络游戏也成为极具发展前景的朝阳产业。据统计，2015 年全球网络游戏市场规模达到 884 亿美元，同比增长 8.60%，这一发展速度比较稳定（见图 6 - 1）。相比于发展时间长、商业模式较为成熟的欧美市场，新兴游戏

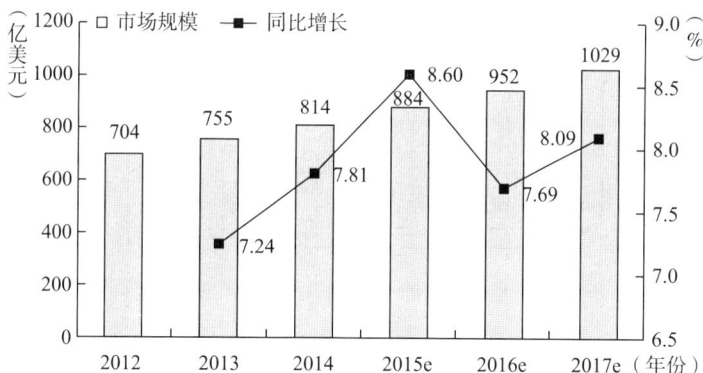

图 6 - 1　2012 ~ 2017 年全球网游市场规模及增速

资料来源：《2016 - 2022 年中国网络游戏市场运行态势及发展趋势研究报告》，中国产业信息网，网址为 http://www.chyxx.com/research/201603/395687.html，最后访问日期：2017 年 6 月 12 日。

市场发展速度更快，2015年中国游戏收入超越美国，成为全球第一。

作为发展最为快速的新兴游戏市场之一，中国网游市场规模在2015年达到1361.8亿美元，同比增长24.14%，这一态势在2016～2018年逐渐趋于稳定（见图6-2）。从细分市场看，2015年客户端游戏（以下简称端游）仍然占据最主要地位，市场规模占比为42.77%，移动游戏增长速度最快，2016年已赶超端游成为占比最高的细分市场（见图6-3）。

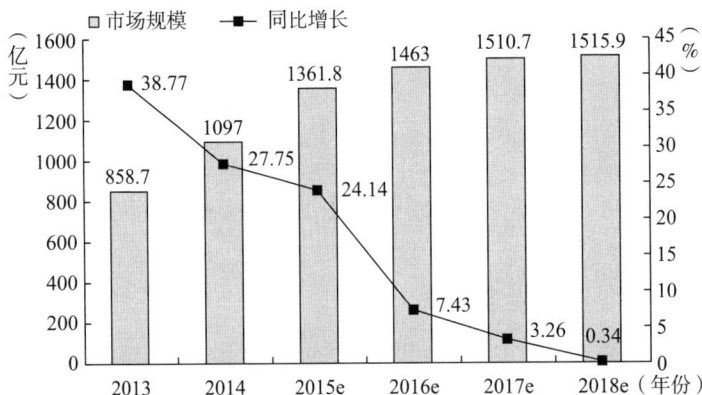

图6-2 2013～2018年中国网络游戏市场规模及增速

资料来源：《2016-2022年中国网络游戏市场运行态势及发展趋势研究报告》，中国产业信息网，网址为 http://www.chyxx.com/research/201603/395687.html，最后访问日期：2017年6月12日。

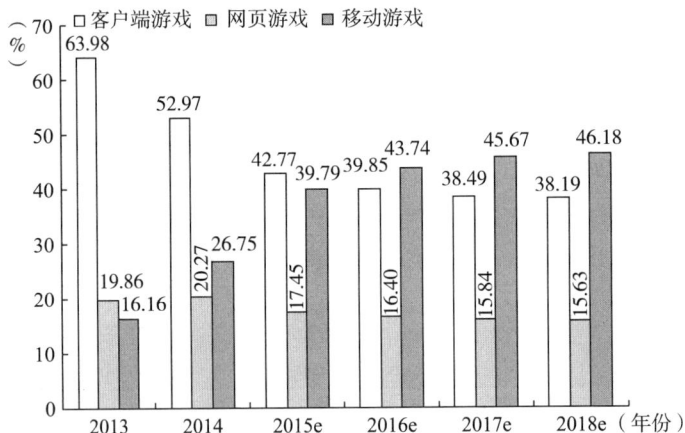

图6-3 2013～2018年中国网络游戏市场占比情况

资料来源：《2016-2022年中国网络游戏市场运行态势及发展趋势研究报告》，中国产业信息网，网址为 http://www.chyxx.com/research/201603/395687.html，最后访问日期：2017年6月12日。

中国网络游戏的市场特征主要表现在如下几个方面。

（1）端游进入成熟期。我国客户端游戏经历多年发展，已处于产业成熟期，2015年1~6月，我国端游市场实际销售收入为267.1亿元，同比增长4.46%，增速趋于稳定。同期端游游戏用户数量为1.34亿人，同比增长3.5%。虽然端游市场增速已放缓，但端游用户群体稳定，用户留存率及付费率高，且精品的端游产品往往具备较长的运营周期，对于具备精品研发能力的端游厂商而言，端游仍是获取收益的重要市场。

（2）移动游戏增速最快。随着移动互联网渗透率的提高和智能手机的普及，以及端游、网页游戏（以下简称页游）巨头的纷纷入场，中国移动游戏市场在经历了2009~2011年的探索期，2012~2013年的启动期后，从2014年起进入高速发展时期。2015年我国移动游戏实际销售收入为514.6亿元，同比增长87.20%（见图6-4）。相对于端游和页游，移动游戏轻便、容易上手且能够充分利用碎片时间，用户更容易养成在移动终端玩游戏的习惯。2015年我国移动游戏用户规模达到4.55亿人次，同比增长27.1%，增速相对2014年有所提高，移动游戏获取新用户能力增强（见图6-5）。我国移动游戏作为市场规模和用户规模均为增长最快的细分市场，未来预计仍有较大的市场空间。

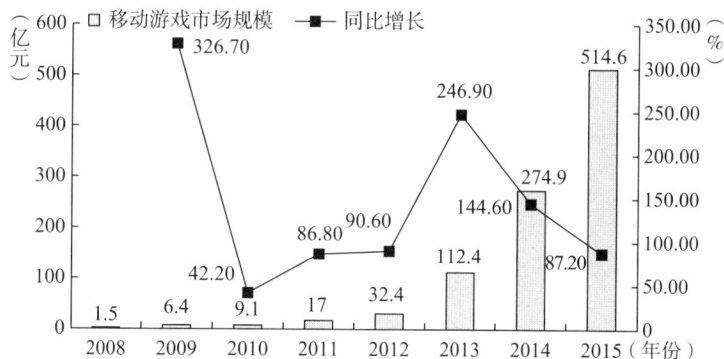

图6-4　2008~2015年中国移动游戏实际销售收入

资料来源：《2016-2022年中国网络游戏市场运行态势及发展趋势研究报告》，中国产业信息网，网址为http://www.chyxx.com/research/201603/395687.html，最后访问日期：2017年6月12日。

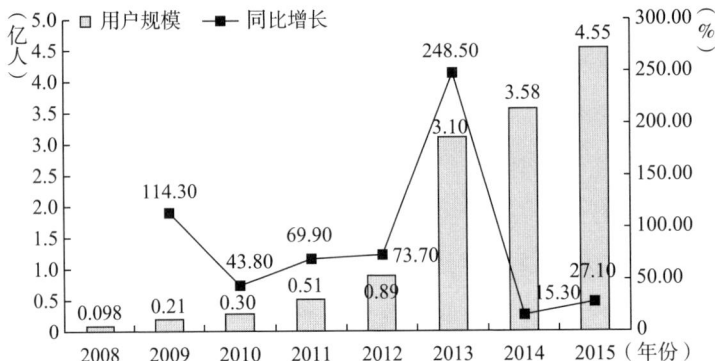

图 6 – 5　2008～2015 年中国移动游戏用户规模

资料来源:《2016 – 2022 年中国网络游戏市场运行态势及发展趋势研究报告》,中国产业信息网,网址为 http://www.chyxx.com/research/201603/395687.html,最后访问日期:2017 年 6 月 12 日。

（3）电视游戏发展空间巨大。从全球游戏市场看,电视游戏是世界主流游戏类别,虽受到 PC 游戏和移动游戏冲击,全球电视游戏设备从2012 年到 2016 年,市场份额有小幅下降,但依然占据 30% 以上的最大市场份额。2015 年电视游戏在美国市场上占据 45% 的市场份额。受政策影响,我国电视游戏处于刚刚起步阶段。随着政策的放松,2014 年起获得解禁的中国电视游戏市场逐步释放出发展潜能,以微软 Xbox、索尼 PS4等为代表的海外主机设备陆续进驻中国市场,华为、中兴、小霸王等硬件厂商以及完美世界、蜗牛、英佩游戏等内容研发商也开启了进军电视游戏的步伐。

建立在巨大的人口红利基础上,我国电视游戏用户增长潜力巨大,且商业模式尚处探索阶段,市场格局有待建立,因此,大量资源、资金将向电视游戏聚集。通过审核的主机游戏 2015 年上半年达到 25 款,而2014 年全年仅有 10 款。2015 年全年我国电视游戏市场实际销售收入达2.2 亿元。未来电视游戏有望成为游戏领域新的突破点。

总体来看,网络游戏产业具有以下特点。一是技术含量高。互联网是一项技术密集、知识密集的产业,而网络游戏更加体现了网络创新的特征。网络游戏的创新对技术的应用具有较高的要求,在编程、开发、设计、维护等方面都需要专门的技术支持。二是产业关联度大。网络游戏产业与其他很多产业连接非常紧密,可以带动电信、IT 行业的快速发展。三是人群基数大。网络游戏产业需要庞大的人口作为支持，这也是网游产业能在中国得以发展的重要原因。我国网络游戏的发展趋势表现出以下几方面的特点。

（1）网络游戏与技术的整合。网络游戏已经涉及各个领域，其技术要求也普遍较高，网络游戏移动时代的到来也需要对相应技术进行整合。

（2）网络游戏与艺术的融合。虚拟空间的游戏项目各有特点，并且可以创造出各种环境的主题效果，为了增强视觉刺激、提升内容品味，需要融入多种艺术元素。

（3）网络游戏媒体化。在网络时代，游戏的宣传基本是采用媒体的形式，将广告与网络游戏结合在一起。

（4）多服务器技术广泛应用。游戏服务器用来处理玩家发送的指令，并将处理结果发送至客户端，然而单个服务器的承载能力有限，需要多服务器的应用来满足更多客户同时在线，以增强游戏的趣味性。

（二）游戏产业公共文化服务领域人才需求特征

随着电子信息技术不断发展，游戏产业也在不断发展壮大，现今，游戏产业已经成为全球重要的文化娱乐产业之一。然而，随着游戏产业的发展，人才缺口也随之增长，游戏的用户量与开发人员的比例严重失衡。

（1）专业人才紧缺。调研显示，在大型招聘网站中，游戏产业人才的缺口较大，主要包括游戏设计师、游戏软件工程师、游戏编辑、游戏客服等。从数量来看，游戏产业公共文化服务人才的需求呈金字塔形，即底层为与游戏产业相关的服务人员；中间层为游戏程序设计与开发人员；上层为技术总监、策划总监等高端人才。

（2）从业人员工作能力不足。随着行业发展，对游戏产业公共文化服务人才的要求日益提高，相关工作人员感到力不从心。同时，市场上同类游戏的增多、游戏玩家数量的过大、游戏开发和研制时间的过长、游戏寿命短等不利因素，对游戏产业从业人员的工作能力提出了挑战。

（3）从业人员缺乏系统学习与培养。绝大部分高校没有开设专门的游戏专业课程，且社会存在对游戏相关工作的偏见与误解，这使得游戏的教育、培训在数量和质量上都严重不足。

二 上海游戏产业公共文化服务人才现状

（1）游戏产业对口人才紧缺

虽然上海的游戏企业薪酬具有竞争力，但是仍存在合适、优秀的人才难以获得的问题。调研数据显示，上海在游戏软件工程师、游戏设计师等方面缺乏优秀人才。同时，在游戏产业人才需求的金字塔中，中间层即游戏程序设计与开发人员的市场需求量大，这部分从业人员数量很难满足行业需要。

（2）从业人员工作能力有待提升

在变化迅速的市场中，被调研企业面临着来自顾客需求、对手竞争等多方面的压力，需要员工具有较强的游戏产品的开发能力及创新能力。例如，可以将我国或者地区特色的文化融入游戏中，这对行业内人员的知识面和工作能力提出了更高的要求。但是，从上海游戏产业相关的调研结果来看，受过专业培训的从业人员较少，许多都是自学成才，"边工作、边学习"，因而在短时期内无法完全满足玩家的要求。

三 上海游戏产业公共文化服务
企业人才总体情况

上海游戏产业中的公共文化服务企业主要是通过在线虚拟社区、图书、杂志、移动应用、消费品、动画片及电影等多媒体渠道，打造服务的核心品牌。在此，我们将对上海游戏产业公共文化服务企业人才方面的情况进行总结。

（1）公司人员数量增长较快

上海的主要企业在进入稳步扩张的时期后，开始朝着大型化、规模化的方向发展，大部分公司员工人数已经超过100人，有些公司的员工人数甚至已经达到几百人或超过千人，其他城市在这方面都是不可比的。

（2）外资企业对人才培养有积极影响

大量国内外知名公司都在上海设有分部，如 EA、ACTIVISION、UBI、2kgame、Epic 等游戏巨头都在上海设有研发机构。这些国际化游戏公司虽然曾一度吸收了上海的人才，但也为上海引进了成熟的游戏制作理念和先进的游戏开发技术。

（3）本土企业的快速发展提供了较好的人才成长环境

盛大、九城、久游、世纪天成等上海的传统领军游戏公司依靠代理运营发展起来。2006 年，《征途》成为上海最具代表性的国产自主研发网络游戏。另外，2010 年上海绿岸网络科技有限公司推出的《蜀门》和上海鸿利数码科技有限公司推出的《魔界 2》也都获得了一定的市场影响力。同时，上海还诞生了淘米这样的专注于儿童社区游戏的公司。淘米公司等在经营主要业务的过程中，也履行着相应的社会责任，承担了诸多公共文化服务项目，并培养了相关服务人才。

（4）员工稳定性较差，招聘方式多样

员工存在由于主动离职和被动淘汰造成的稳定性较差现象。而在招聘方面，企业主要采取了校园招聘、网络招聘、员工推荐、内部选拔四种方式，招聘渠道比较广泛。

（5）公共文化服务项目人才不足

在项目制下，公共文化服务活动需要大量技术、市场及管理人才共同参与完成。就目前来说，具体项目运作人才仍稍显不足，尤其需要有一定社会经验，并具有一定企业忠诚度、公共文化服务经验和责任心的高级人才。

（6）上海市游戏产业公共文化服务领军人才代表

上海市游产业公共文化服务领导人才代表的情况如表 6-1 所示。

69

表 6-1 上海游戏产业公共文化服务领军人才代表情况

重点企业	领军人才	职务	简介
巨人网络	史玉柱	董事长兼 CEO	创立巨人集团、CCTV 中国经济年度人物
上海绿岸网络科技有限公司	许帆	CEO	曾获中国游戏企业新锐奖、中国游戏产业新锐人物奖、中华优秀出版物奖等

重点企业	领军人才	职务	简介
上海火游网络科技	王子杰	总裁	原久游总裁
上海淘米网络科技有限公司	汪海兵	CEO	曾在腾讯网任 QQ 宠物的项目经理
第九城市计算机技术咨询（上海）有限公司	朱骏	董事长	第九城市董事长兼首席执行官、上海申花俱乐部投资人

资料来源：笔者整理。

四 上海淘米网络科技有限公司公共文化服务人才情况

上海淘米网络科技有限公司（以下简称淘米公司）成立于 2007 年，是中国第一家通过线上虚拟社区创建面向儿童寓教于乐的领先儿童娱乐媒体公司。淘米公司以儿童互联网产品的策划、研发、运营起步，主要通过在线虚拟社区、图书、杂志、移动应用、消费品、动画片及电影等多媒体渠道，打造核心品牌，形成了儿童娱乐全产业链布局。

（一） 公共文化服务项目

淘米公司主营业务为在线娱乐产品、线下衍生产品、儿童浏览器，主要面向 7~14 岁儿童，为其提供各类娱乐产品，主要业务项目如表 6－2 所示。

表 6－2 淘米公司主要业务项目及具体业务内容

业务分类	主要业务	具体内容
线上业务	在线游戏产品（淘米网）	摩尔庄园、赛尔号、摩尔勇士、魔法传奇等
	儿童浏览器 http://ie.61.com/	
线下业务	儿童读物	人物插图、儿童小说、书籍
	消费类产品	服装、饰物、玩具、文具、电子消费品、食品和饮料
	动漫主题类产品形式	电视、电影、现场表演

资料来源：课题组整理。

淘米公司在经营主要业务的同时，也履行着相应的社会责任，所承担的公共文化服务项目及其主要内容如表6-3所示。

表6-3　淘米主要公共文化服务项目类别及具体内容

项目名称或类别	具体项目内容
复旦大学儿童与网络研究实验室	与复旦大学共同发起成立"儿童与网络研究实验室"。旨在加强儿童网络媒介素养的教育、实践和推广，倡导绿色、安全上网理念与行为，营造健康的网络之风
《儿童绿色上网家庭手册》	《儿童绿色上网家庭手册》是国内第一本面向家庭亲子阅读的网络使用手册，系统全面地介绍了儿童安全、健康、理性上网的攻略。通俗易懂、图文并茂。该手册通过完全公益的形式进行推广和传播，包括免费赠送和通过网络提供免费下载的形式
四好摩尔	充分发挥儿童网络虚拟社区的高互动性和多样的表现方式，运用新媒体平台开展新时期的少年儿童思想教育工作，与全国少工委联合开展了"四好摩尔"活动。通过鲜活有趣的方式传播新时期"四好少年"的新标准
慈善项目	• 2012年联合中国社会福利基金会开展爱心传递公益活动——免费午餐活动。通过此次的活动，呼吁更多用户来参与献爱心，让更多的贫困山区孩子吃上一份热腾腾的午餐 • 2013年4月20日四川雅安地震，淘米公司通过壹基金向四川雅安地震灾区捐赠人民币100万元，帮助玉树地区同胞早日渡过难关

资料来源：课题组整理。

（二）公共文化服务项目人才总体情况

淘米公司现有员工750人，其中核心产品研发人员350人。我们将从下述几个方面分析淘米公司公共文化服务项目人才的总体情况。

（1）员工招聘方式多样。员工招聘主要采取了校园招聘、网络招聘、员工推荐、内部选拔四种方式，招聘渠道比较广泛。

（2）员工稳定性较差。淘米公司员工稳定性在行业里较差，员工离职主要是主动离职和被动淘汰。淘米公司每半年进行一次绩效考核，采取SABC模式，绩效考核优秀，发放奖金，如果绩效考核未达标，就会有被动淘汰的可能性。

（3）人才发展规划模式实现双通道。淘米公司推行全面的人才发展体系，建立了专业技术和管理"双通道发展"的职业发展体系，无论员工是希望在专业技术领域施展才华还是在管理方面开拓事业，都可以根据自己的特长和兴趣选择适合自己的发展道路，专业技术通道和管理通道将获得同等的回报和尊重。淘米公司人才发展规划模式如图 6 – 6 所示。

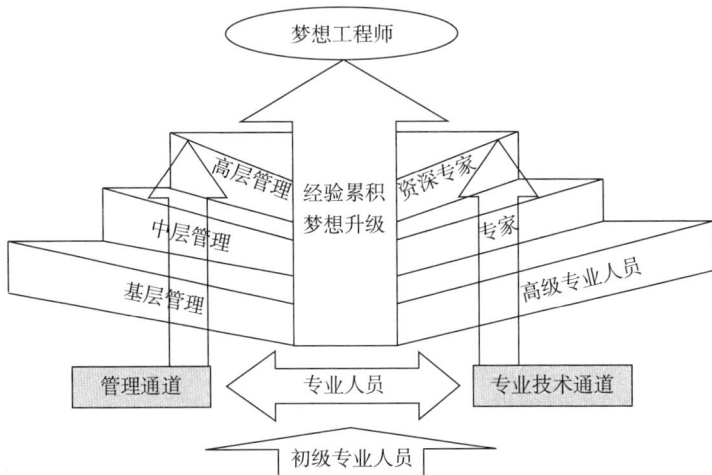

图 6 – 6　淘米公司人才发展体系

资料来源：上海淘米网络科技有限公司，参见 http://www.yjbys.com/mingqi/introduce 6175.html，最后访问日期：2017 年 8 月 9 日。

（4）公司培训体系相对完善。淘米公司注重员工的个人培训，会为员工设计合理的培训课程，其中包括新员工培训、职业技能培训和管理技能培训等内容。具体员工培训体系如图 6 – 7 所示。

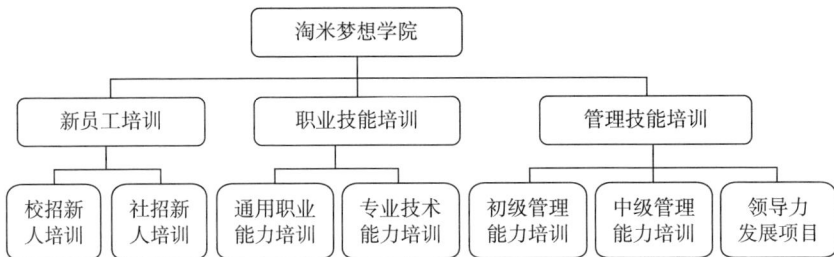

图 6 – 7　淘米公司员工培训体系

资料来源：上海淘米网络科技有限公司，参见 http://www.yjbys.com/mingqi/introduce 6175.html，最后访问日期：2017 年 8 月 9 日。

（5）全面薪酬福利体系。淘米公司的员工薪酬福利体系包括固定工资、年终服务奖金、绩效奖金、专项奖励、股票期权、全薪病假、年休假、社会保险、商业保险、免费夜宵、婚育礼金、年度健康体检等。淘米公司具体的全面薪酬福利体系和福利礼包如图 6-8、图 6-9 所示。

图 6-8　淘米公司全面薪酬福利体系

资料来源：上海淘米网络科技有限公司，参见 http://www.yjbys.com/mingqi/introduce 6175.html，最后访问日期：2017 年 8 月 9 日。

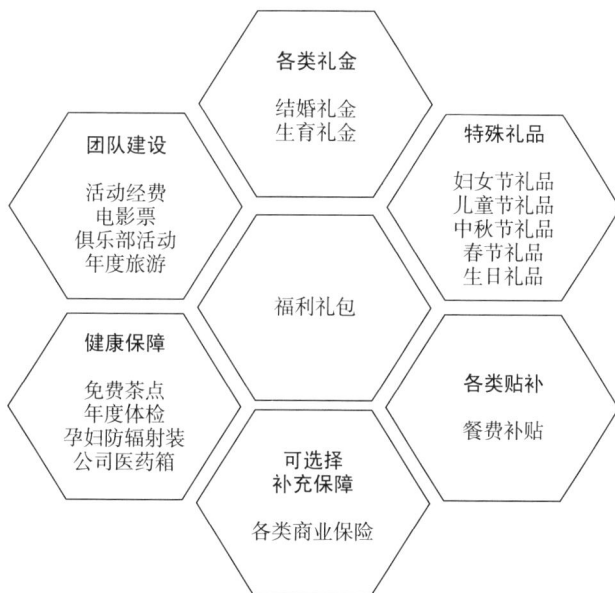

图 6-9　淘米公司福利礼包

资料来源：上海淘米网络科技有限公司，参见 http://www.yjbys.com/mingqi/introduce 6175.html，最后访问日期：2017 年 8 月 9 日。

（三）公共文化服务人才紧迫性问题分析

（1）吸引项目运作人才流入的紧迫性。淘米公司采取项目制，需要大量技术、市场及管理人才共同参与完成。就目前来说，具体项目运作人才仍稍显不足，尤其需要有一定社会经验，并具有一定企业忠诚度、责任心的高级人才，所需要的具体人才类别及要求如表 6-4 所示。

表 6 - 4　淘米公司公共文化服务项目运作所需人才类别及要求

所需人才类别	具体要求
产品策划、运营高级人才	文案策划、游戏策划、数值策划、资深运营策划（手游）、系统策划
技术研发人才	WEB 开发工程师、PHP 开发工程师、测试工程师、资深 AS 开发工程师
市场公关类人才	为满足未来的市场拓展，实现互联网的信息获取，大资源、大数据的获取
美术设计类人才	游戏特效设计、网页设计、原画师、动画师等

资料来源：课题组整理。

（2）建设好软环境的紧迫性。在留住人才这个层面上，建设良好的社会生态环境是非常重要的。淘米公司公共关系部陈茜总监提到一个问题：“同样面临户口解决问题，北京和上海在吸引文化人才方面是存在很大差异的，很多文化人才愿意留在北京，而不愿意来到上海。北京的人文环境是很吸引人的，一到周末，很多文化人才就会聚到一起，聊文化、聊产品、聊动态发展，可以从中能学到很多东西，这是非常固定的，每天都会有新人员加入的社交圈。”可见，淘米公司需要进一步加大激励力度，用项目留住人才、用前景留住人才。

（3）倡导文化产业人才政策在线服务。目前政策每年都会存在一些变动，相关企业在了解掌握文化产业人才政策的效率方面还存在一定不足。在这方面企业还需要得到政府的支持和指导，紧跟政府的脚步，及时了解职称评定等一系列相关政策。

（四）上海淘米网络科技有限公司公共文化服务领军人才代表

汪海兵，1980 年出生，1997 年考入华中科技大学电力系，2004 年从该校计算机系研究生毕业。毕业后在腾讯网任 QQ 宠物的项目经理，这段履历让他发现了“儿童上网”这个巨大的细分市场。2007 年 9 月，27 年的汪海兵开始了他的发现“童话”之旅，与程云鹏、魏震创立了上海淘米网络科技有限公司，成为中国最大的儿童页游公司的 CEO。

淘米网的主要客户对象为 7～14 岁的少年。在创业之初，汪海兵和创业伙伴常年在麦当劳、儿童乐园等地了解孩子的需求。淘米网团队已有 100 多名员工，汪海兵认为淘米的产品网络社区摩尔庄园等和 SNS、网游有本质区别，"我们的员工多是来自儿童媒体或者是青少年专家，我们希望获得孩子及孩子家长的信任"。

①客户定位明确。2007年汪海兵创建淘米公司时，研发目标是为4~8岁的儿童做"果果乐园"，但在"果果乐园"即将推出时，和汪海兵一起创业的魏震同汪海兵进行了深谈，并使汪海兵为"果果乐园"的前景担心起来，最后经过再三考虑，为7~14岁少年研发的"摩尔庄园"最终取代了"果果乐园"，并且，他将7~14岁定位为淘米网以后的服务对象。

②线上线下互补。淘米儿童网游"迪士尼化"，如《摩尔乐园》更像是一种另类的动画片，而非纯粹的游戏。每周更新的版本更像是通过游戏给小朋友们讲述一个充满了美好、幻想、趣味的卡通故事。线下图书包括《摩尔庄园》《赛尔号》《约瑟传说》《小花仙》及其他五大类子品牌，同时淘米公司以"迪士尼化"的视角开发线上产品实物化，主题体验馆及电影等衍生性线下产品。

③产品模式优良。淘米公司拥有《赛尔号》《哈奇小镇》《小花仙》《摩尔庄园》《大玩国》《功夫派》《摩尔勇士》7款儿童SNS游戏，是创业型互联网服务研发运营公司，由知名风险投资公司投资成立。公司面向儿童互联网服务市场，倡导"新童年，新快乐"的中国儿童互联网文化，同时始终遵循"妈妈放心，孩子欢喜"的经营理念，以为中国儿童提供快乐、健康、成长的互联网服务为使命。

④人才引进对口。汪海兵认为，淘米的儿童游戏产品和SNS、网游有本质区别，公司希望获得孩子及其家长的信任。孩子对互联网网络游戏沉迷是中国家长最为担心的问题之一，如何消除其对于淘米儿童网游发展的影响，也正是人才引进方面的主要工作内容。通过儿童专家及媒体顾问的专业化视角，完善淘米线上线下品牌对于游戏的重新定位，最大限度地发展和巩固淘米对于儿童"寓教于乐"的基本创业动机。

五　游戏产业公共文化服务体制外
人才培养对策

（一）加大高端游戏人才的引进力度

游戏特别是网络游戏对从业人员的创新能力要求很高，仅仅依靠高校现有的培养体系和资源无法满足现实需要，必须加大高层次游戏专业人才及团队的引进力度。由于许多网络游戏企业规模并不大，难以为高层次人才提供相应的发展空间和施展才华的平台，所以应该把人才引进作为一项系统工作。

（1）借助高校吸引人才。各地高等院校和科研院所是吸纳高端人才的良好场所，许多国内外的网络游戏高端人才愿意到这些单位就职，在教学或科研的同时，提供社会性服务，对接网络游戏市场的现实需求。因此，应通过相应的专项支持性政策，把游戏产业所需要的高端人才吸引到高校，并通过校企合作等方式，支持当地网络游戏产业的发展，解决高端人才稀缺等问题。

（2）完善人才考评机制。在网络游戏人才稀缺的情况下，坚持用好人才的原则，以卓越业绩为导向和目标，形成包括能力、知识、品质等要素的人才评价指标体系，对实际工作结果进行评价，而不只是看重学历和资历。根据所需要引进人才的类别，对现有人才考评机制进行修订，形成有利于吸引相应人才的政策制度环境。

（3）加强人才职业生涯规划工作。通过人才职业生涯规划工作的推进与完善来吸引人才，即深入了解个人的自我价值取向，更好地发挥个体潜能，并将个人发展与企业发展和社会发展三者有机地结合在一起，为个人实现自我价值提供良好的平台，从而能够对所需专业人才产生吸引力。这样可以充分发挥个人的主观能动性，对高层次人才具有较强的感召力。

（4）搭建创业平台。为网络游戏高层次人才搭建创业平台，优化人才服务环境，营造宽松和谐的人文环境，为人才成长与发展创造条件。创业平台能够激发人才创新创业的潜能，形成吸引人才的系统性区域环境，并且也更容易形成对人才持续性的吸引力。

（二）加大复合型人才的培养力度

网络游戏行业的特征以及对行业人才的需求特性决定了复合型人才的重要性，从业人员不仅应具有游戏创意设计能力，还要具有应用开发能力，甚至是市场洞察力和管理能力。

（1）培养兼具研究能力和实用技能的复合型人才。网络游戏的复合型人才要具有较强的创新能力，这一方面要求从业人员通过学术性或研究型的培养，形成对行业发展现状和未来发展趋势的系统把控能力；另一方面要求其通过丰富的实践活动，锻炼适应市场需求的实用技能。并且，在国际化背景下，培养学生具有国际化管理的视野和开拓创新的精神，使其具有跨文化管理的能力，尤其是国际市场的拓展能力。

（2）注重复合型人才的培养方式。复合型人才的培养要加强实践性教学环节，注重在实验、实习、课程设计等实践性课程中锻炼学生的设计能力和创造能力，运用案例分析、小组竞赛、项目参与等多种培养手段，提高学生多方面学习的积极性，适应多能力的培养要求，并不断提高其综合素质。延长实践调研和案例分析的课程时间，发展学生管理知识的实践运用能力，并且锻炼和培养学生对复杂问题进行思考与分析的技能。

（3）采用开放式教学模式。一方面，师生共同参与创造性活动，共同学习和工作，增加教学交流时间，相互间能及时传递语言、意义与价值，让师生共同理解和发展网络游戏行业的相关知识，把在学校学到的经验与日常生活相联系起来，以促进学习；另一方面，形成课堂教学与管理实践之间多种形式的连接关系，建立师生与管理者之间紧密的沟通联系机制，以座谈、实习等有效的学习形式，提高教学实践的有效性，从而形成课堂与实践之间双向的问题反馈与解决机制。

第七章 艺术产业公共文化服务体制外
人才队伍分析

一 艺术产业公共文化服务人才总体情况

艺术产业是经济全球化背景下产生的、以文化创意技能人才的创造力为核心的新型产业，包括视觉艺术、环境艺术、工艺与设计、雕塑、服装设计、广告装潢等。艺术产业的产品属于创造性产出，独特性与超越性是产品追求的重要品质，多样性与差异性是艺术品的基本特点之一。创新不仅可以带来新奇的精神享受，而且可以开启新的产业链。例如，贵金属文化艺术品可能通过超越当下时代的审美观或者挖掘中国传统文化的新内涵，给消费者带来新奇的艺术审美体验，从而创造新的需求，激发新的消费欲望，最终赢得市场。

（一）艺术产业发展现状

2014 年，我国文化艺术服务类的产业增加值达到 1127 亿元，同比增长 7.00%，在文化及相关产业增加值中的比重为 4.70%；工艺美术品的生产增加值为 3037 亿元，同比增长 13.60%，在文化及相关产业增加值中所占比重为 12.70%；文化创意和设计服务类的产业增加值达到 4107 亿元，同比增长 17.50%，在文化及相关产业增加值中的比重为 17.20%（见表 7-1）。

表 7-1　2014 年我国文化及相关产业增加值核算结果

单位：亿元，%

类别名称	绝对值	同比增长	所占比例
总计	23938	12.10	100
第一部分　文化产品的生产	**14670**	**15.60**	**61.30**
新闻出版发行服务	1209	5.20	5.10
广播电视电影服务	1059	4.50	4.40
文化艺术服务	1127	7.00	4.70
文化信息传输服务	2429	36.50	10.10
文化创意和设计服务	4107	17.50	17.20
文化休闲娱乐服务	1702	11.20	7.10
工艺美术品的生产	3037	13.60	12.70
第二部分　文化相关产品的生产	**9268**	**7.10**	**38.70**
文化产品生产的辅助生产	2835	12.70	11.80
文化用品的生产	5564	6.60	23.20
文化专用设备的生产	869		

资料来源：《2016 年中国文化创意产业发展概况》，http://www.chyxx.com/industry/201607/431903.html，最后访问日期：2017 年 6 月 12 日。

　　艺术产业主要集中于文化创意产业园区，并伴随着园区的快速发展而发展。我国文化创意产业园区的建设开始于 20 世纪 90 年代，2002 年年末只建成了 48 个园区，而到 2012 年出现了井喷态势，达到 2179 个，并在 2014 年时达到峰值 2570 个。2015 年，园区数量稍有回落，全国正常运作的文化创意产业园区为 2506 个左右（见图 7-1）。其中，由国家命名的文化创意产业各类相关基地、园区超过 350 个。在政府的积极引导下，我国艺术产业已经初步形成了以国家级文化产业示范园区和基地为龙头，以省市级文化产业园区和基地为骨干，以各地特色文化产业群为支点，共同推动艺术产业加快发展的格局。

　　2014 年，艺术产业仅按照文化艺术服务、文化创意和设计服务、工艺美术品的生产三大类别来统计，其增加值已达到 8271 亿元，在文化及相关产业增加值中所占的比重达到 34.6%。这得益于政府的政策支持和金融危机背景下产业结构调整的内在驱动。我国的文化创意产业呈现了

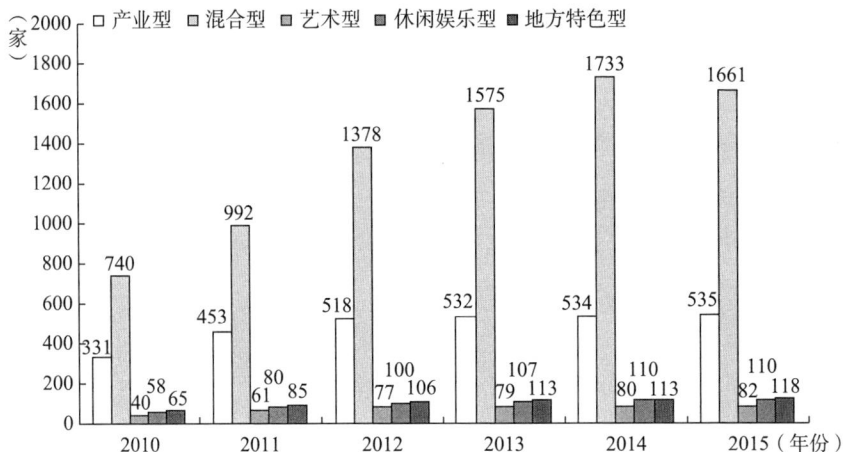

图 7－1　2010～2015 年中国文化创意产业园区类型数量情况

资料来源：《2016 年中国文化创意产业园区分布及关注格局现状回顾》，http://www.chyxx.com/industry/201610/461071.html，最后访问日期：2017 年 8 月 9 日。

全面爆发的态势，这种趋势主要体现在文化创意产业在国内各大城市地区生产总值中所占的比例和绝对利润值的快速增长。其中，2014 年上海市文化创意产业继续保持快速健康发展，实现增加值 2820 亿元，同比增长 8%，占上海市地区生产总值的比重为 12% 左右。

我国发展文化创意产业的资源非常丰富，资源优势转化为产业优势的潜力巨大，文化创意产业集聚化发展趋势日益明显。目前，全国已初步形成六大文化创意产业聚集区：一是首都文化创意产业区；二是以上海为龙头，包括杭州、苏州、南京的长三角文化创意产业区；三是以广州、深圳为代表的珠三角文化创意产业区；四是以昆明、丽江和三亚为代表的滇海文化创意产业区；五是以重庆、成都、西安为代表川陕文化创意产业区；六是以武汉、长沙为代表中部文化创意产业区。其中，上海市以"工厂改型＋园区聚集"发展模式建设的文化创意产业园区有 87 个，集聚了 130 万文化创意产业从业人员，形成了"一轴（延安路城市发展轴）、两河（黄浦江和苏州河文化创意产业集聚带）、多圈（区域文化创意产业集聚地）"的空间布局，文化创意产业布局表现出空间集聚化的特征。

（二）艺术产业公共文化服务人才情况

艺术人才是文化建设的关键，艺术产业公共文化服务人才是我国文化事业发展的重要因素。艺术人才的培养主要依托大中专院校，此外，艺术表演团体中项目带动、艺术单位针对性的培训等方式，也是培养艺术产业公共文化服务人才的重要渠道。

（1）艺术产业市场情况

近年来，我国艺术市场初步形成了艺术品、拍卖业、艺术博览会三位一体的经营主体结构，并成为全球艺术品市场中"为数不多的亮点之一"。然而，由于对眼前利益过分追逐，致使艺术产业的市场环境不佳。一是市场中的假拍和赝品一直较多，屯货、炒作、频繁换手等现象突出；二是文物与艺术品的鉴定、批评无法形成独立、公正、客观的评判结果；三是当代艺术表现出消费化、娱乐化、复制化和趋同化的特点，导致艺术原创力下降；四是相关法律法规不完善，市场操作不规范，使得市场结构一二极倒置。

（2）艺术产业公共文化服务人才特点

进入 21 世纪以来，我国艺术产业公共文化服务人才呈现新的特点：一是随着我国高等教育规模不断扩大，艺术人才队伍不断壮大；二是艺术人才教育层次结构得到优化调整，各层次结构比例趋于合理；三是传统艺术人才与现代艺术设计人才并行发展，需求旺盛。

（3）艺术人才需求状况

全国艺术人才需求状况表现出专业上的不平衡，呈现以下特点。

①应用艺术人才的市场需求在增长，传统的艺术人才市场需求有了新的突破，从市场需求来看，应用艺术人才，特别是数字艺术人才、文化管理人才需求量很大；相关统计表明，到 2018 年，中国数字内容制作行业至少还需要 30 万产业人才，并在可预见的未来五六年内，整个行业将会有超过百万的人才缺口[①]。

②专门性艺术人才的需求相对有限，新型复合型艺术人才的需求相对较大，如影视多媒体制作人、动漫设计师、展示设计师、电子音乐制作人等新潮文化和专业技术相结合的人才。

① 《文创产业现大暴发式发展　数字艺术人才缺口将达百万》，http://finance. people. com. cn/ni/2017/0428/c153179 – 29243255. html，最后访问日期：2017 年 8 月 9 日。

③文化事业单位对艺术人才的需求因体制约束受到抑制，民营企业、培训机构对艺术人才的需求在增长。

（4）艺术人才的供给问题

我国艺术人才结构主要体现在知识结构偏差和层次结构失衡两方面。

①艺术人才知识结构与社会需求存在偏差。艺术教育在大众教育形势下，由于资金投入不足、教师队伍优化滞后等条件限制，只能进行"粗放型"的艺术专业教育，甚至无视传统艺术教育"口传心授"的特点，盲目扩大招生规模，致使艺术类毕业生文化素养低、能力不足，从而不能满足社会的需求。

②艺术人才层次结构欠合理。当前各院校几乎都在培养表演人才而不是艺术人才，各类艺术院校的培养任务和方向重叠，特色不明显，造成各层次院校的资源优势没有得到充分的发挥。

二　上海艺术产业公共文化服务人才现状

各大城市都已将发展艺术产业等作为城市文化和经济发展的新方向。上海"十二五"规划明确提出要建设成为"国际文化大都市"和"设计之都"的战略目标。上海市"十三五"时期文化改革发展规划进一步指出，必须促进工艺美术、广告服务等传统产业加快结构调整，创新发展模式，增强内生动力；强化工业设计、建筑设计、广告会展等在国内同行业中的领先地位；鼓励演出、艺术品展览等传统业态实现线上线下融合；培育和发展艺术品网络交易等文化科技融合新兴业态。为此，要构建现代公共文化服务体系，保障市民基本文化权益，并通过加大对杰出文化艺术人才的褒奖力度，形成具有上海特色的文化艺术荣典制度等，从而强化包括艺术产业在内的公共文化服务人才队伍建设。

（一）上海艺术产业结构及发展规模分析

上海"国际文化大都市"和"设计之都"的战略目标，为艺术设计业的发展创造了良好的氛围。2012年，上海文化创意产业中工业设计业、建筑设计业增加值分别达196.54亿元和301.93亿元，共占文化创意产业增加值总量的22%，分别比上年增长15.3%和11.8%，对文化创意产业增长的贡献率达到27.1%（见表7-2）。从文化创意产业总产出以及增加值的比重来看，艺术业、工业设计业、广告及会展服务业、时尚创意业的总产出比重达35%，增加值比重达32%，带动了整个文化创意产业的迅速发展（见表7-3、表7-4）。2013年上海艺术产业增加值对本市经济发展的贡献率进一步提高，产业新业态发展迅速，产业发展氛围浓厚。设计产业与品牌建设、科技创新、文化原创等方面呈现加速融合趋势，一批上海原创设计产品获得IF、红点、红星等国内外知名奖项；上海家化和指南设计两家企业获得首批国家级工业设计中心、老凤祥获评"最具价值中国品牌100强"第58位，位列中国珠宝首饰业第一（王斌，2014）。

表7-2　2012年上海文化创意产业分行业总产出、增加值及其增长情况

单位：亿元，%

行业	总产出	增加值	增加值比上年增长
总计	7695.36	2269.76	10.8
文化创意服务业	**6803.13**	**1973.07**	**11**
媒体业	433.39	143.82	-4.7
艺术业	201.05	67.25	15.4
工业设计业	527.29	196.54	15.3
建筑设计业	1235.63	301.93	11.8
时尚创意业	768.46	143.52	4.4
网络信息业	216.33	96.46	5.8
软件与计算机服务业	1138.65	395.33	10.4
咨询服务业	789.4	256.97	19.7
广告及会展服务业	887.09	214.67	16
休闲娱乐服务业	605.84	156.58	10.6
文化创意相关产业	**892.23**	**296.69**	**9.4**

资料来源：王斌，2014，《上海市文化创意产业2013年工作总结和2014年工作要点》，http://shcci. eastday. com/c/20140410 /u1a8024904.html，最后访问日期：2017年6月12日。

表 7 – 3   2012 年上海文化创意产业总产出比重

单位：%

产业名称	媒体业	艺术业	工业设计业	建筑设计业	时尚创意业
总产出比重	6	3	8	18	11
产业名称	网络信息业	软件与计算机服务业	咨询服务业	广告及会展服务业	休闲娱乐服务业
总产出比重	3	17	12	13	9

资料来源：王斌，2014，《上海市文化创意产业 2013 年工作总结和 2014 年工作要点》，http：//shcci. eastday. com/c/20140410 /u1a8024904. html，最后访问日期：2017 年 6 月 12 日。

表 7 – 4   2012 年上海文化创意产业增加值比重

单位：%

产业名称	媒体业	艺术业	工业设计业	建筑设计业	时尚创意业
增加值比重	7	4	10	15	7
产业名称	网络信息业	软件与计算机服务业	咨询服务业	广告及会展服务业	休闲娱乐服务业
增加值比重	5	20	13	11	8

资料来源：王斌，2014，《上海市文化创意产业 2013 年工作总结和 2014 年工作要点》，http：//shcci. eastday. com/c/20140410 /u1a8024904. html，最后访问日期：2017 年 6 月 12 日。

（二）上海艺术产业公共文化服务人才从业环境

（1）艺术产业公共文化服务社会化。上海"十三五"文化改革发展规划强调，要以需求为导向，扩大社会力量参与包括艺术产业在内的公共文化服务。引入竞争机制，推动各类文化主体参与艺术产业等的公共文化服务、公共文化设施运营、公共文化服务内容供给、公共文化活动策划组织、公共文化机构制约监督、公共文化服务效能评估。

（2）艺术产业市场建设。上海"十三五"文化改革发展规划明确指出，要聚集艺术品交易、工艺美术品设计等重点领域，建成上海国际艺术品交易中心、世界手工艺产业博览园、上海工艺美术设计服务等贸易服务平台，并依托国际金融中心建设，加快完善文化投融资服务体系，建设文化金融合作示范区。同时，艺术产业公共文化服务的体制外人才要充分利用平台机会，积极参与上海国际艺术节等各类活动。

（3）学术氛围培养。上海大学中国艺术产业研究院是上海大学与国家文化部、中国文联共建的新型科研机构，有利于整合发挥上海大学及国家主管部门的相关优势，组织高层次的教学科研力量，从理论与实践的结合上把握文化艺术产业发展的前沿机遇及核心环节，着力打造艺术产业高层人才培养与急需人才培育的重要基地，以及行业标准制定、艺术产业理论与产业拓展的研究高地，以期在社会效益与经济效益两个方面为我国文化产业繁荣做出有分量的贡献。上海大学中国艺术产业研究院从学术理论研究出发，结合实务经验，以更全面有效地为公共文化服务提供指导性意见。

（4）产业园区建设。自从 2009 年上海实行文化体制改革以来，文化创意产业的各个领域均有一定的突破，至今发展平稳，文化创意产业的经济规模总量逐步扩大，对全市经济贡献作用大幅增强。目前可得的统计数据显示，2011 年上海文化创意产业保持稳定增长的势头，实现总产出 6429.18 亿元，增长 16.9%；产业增加值达到 1923.75 亿元，按可比价格计算比 2010 年末增长 13%，比全市地区生产总值增产率高出 4.8 个百分点，占全市生产总值的 10.02%，高出上年 0.27 个百分点；对上海地区总体经济增长的贡献率达到 15.5%；从业人员达到 118.02 万人。产业园区化的建设，促进艺术产业人才集中从业，有效地创造艺术聚集力，通过共享资源、克服外部负效应，带动艺术关联产业的发展，从而有效地推动创意及艺术产业集群的形成。

（三）上海艺术产业公共文化服务人才需求特征

（1）应用型艺术人才。应用型艺术人才是指各种设计和制作类专业人才。从市场需求来看，应用型艺术人才，特别是数字艺术人才、文化管理人才需求很大。近年来，我国艺术品市场持续繁荣，对纯艺术人才有较大的需求。据统计，目前我国艺术品市场上广义的艺术品从业人员已达 7000 万人，但由于没有专业化的培训体系和一个严格的准入制度，从业人员的能力和国外一些发达国家相比还有着明显的差距。再如，艺术品修复方面的相关人才更加捉襟见肘。这些随着社会发展而产生的对纯艺术人才的潜在需求，是一个有待开发的艺术人才市场。

（2）新型复合型人才。新型复合型文化艺术人才是指如影视多媒体制作人、动漫设计师、展示设计师、电子音乐制作人等新潮文化和专业技术相结合的人才。目前，我国从事文化产业经营和管理的人才，数量严重不足，层次明显偏低，结构很不合理，特别是懂得市场运作、熟悉和掌握国际规则、有较强经营管理能力的复合型文化产业人才更加紧缺。

（3）高端管理人才。随着我国艺术品消费的不断增长，艺术品市场对高端管理人才需求迫切。尽管一些高校已经开始培养艺术产业管理人才，但其艺术人文素养难以通过简单的课程和培训达到目标。目前，国内仅有少数缺乏国际性和规范性的短期培训班，其教学质量与效果同国际通行的学位教育差距较大，而国外的标准课程又缺乏对中国市场的深入分析，从而导致相关管理人才匮乏。同时，在古董与艺术品投资、国际拍卖与典当行业、艺术基金会、艺术品金融化衍生、国际文化艺术展览策划管理、艺术媒介等相关行业中，也诞生了众多具有挑战性的高端岗位。高端艺术品市场管理人才不仅应该具备较系统的艺术市场鉴赏与市场、收藏管理的专业理论知识，还要了解艺术产业和艺术品市场的基本规律，并能应用于实际的产业操作与管理。

三　上海艺术产业公共文化服务企业人才总体情况

由于涵盖范围较广，目前，上海艺术产业公共文化服务人才仍然存在需求难以得到满足等问题，成为艺术产业发展的瓶颈。

（1）需求难以满足

①缺乏既懂文化艺术、又懂管理经营，或者擅长项目策划、文化经营、市场营销、资本运作的复合型人才；

②专业化程度低，部分经营管理人员不熟悉相关政策、法规，不了解艺术产业的发展动态，不擅长市场化运作和产业化经营；

③优秀高端人才流失比较严重，由于激励不足，致使花费大量精力培养的人才流失到其他地区甚至海外。

（2）结构不合理

①从分布结构看，大部分艺术人才主要充当生产的角色，少部分从事产业经营管理，结构不平衡；

②从专业结构看，从事设计、策划、编辑的人员多，而真正懂得文化创意、能够创新的人才不多，懂得经营管理、创新技术的跨学科、跨领域的复合型人才更为匮乏；

③人员结构不合理，从业人员的行业结构、知识结构、能力结构、年龄结构、学历结构等不能满足艺术产业发展经营过程中的需求。

（3）供求总体平衡，但质量不高

近年来，装饰展览设计人才、室内家居设计人才、影视制作人才、服装设计人才、产品包装设计人才、工业设计人才、大众传媒人才、演艺娱乐人才等应用性强的艺术类人才需求量越来越大。但是，通过调查访谈发现，由于各学校培养水平的参差不齐和实践经验的严重缺乏，很多招聘来的人才不能够快速适应企业需求，往往需要在企业经过较长时间的培训，降低了企业的效率。

用人单位认为艺术类毕业生还普遍存在文化素养低下、创新精神不足、管理能力欠缺等问题。调查显示，毕业生创新能力不足占到46%，而创新恰恰是文化创意产业生存发展的基础。由此可见，上海艺术产业公共文化服务迫切需要优秀创意人才、熟练设计制作人才和综合素质高的营销人才。

（4）行业人文关怀不足

很多优秀的艺术人才会选择在国外发展事业，是因为国外的政策支持及人文关怀力度极大，可以维持较好的工作和生活状态。因此，需要政府在制定政策的时候，考虑到文化人才的实际情况，真切关心文化产业人才落户以及生活问题。

（5）培养成本非常高

艺术人才的培养是一个漫长的过程，存在较大的风险。当人才培养到一定程度，人才就会更倾向于离开原有企业，去选择更好、更大的平台，致使企业对人才的培养成本极高。

（6）上海市艺术产业公共文化服务领军人才代表

上海市艺术产业公共文化服务领军人才代表情况如表7-5所示。

表 7 – 5　2012 年上海艺术产业公共文化服务领军人才

重点企业	领军人才	职务	简介
上海天玉创意发展有限公司	周烨	总经理	桃浦当代艺术中心创始人
上海红坊文化发展有限公司	郑培光	董事长、总裁	2006 年中国创意产业年度杰出人物，2007 年上海创意产业领军人物

资料来源：笔者整理。

四　上海 M50 桃浦文化创意产业园公共文化服务人才情况

M50 桃浦文化创意产业园是上海 M50 创意产业园区的分部，园区占地面积 29000 平方米，由上海天玉创意发展有限公司投资，致力于打造"文化艺术展览平台、引导孵化培育平台、增值服务平台、国际人才交流服务平台"。

（一）公共文化服务项目

M50 桃浦文化创意产业园 2013 年园区产值 1.14 亿元，目前入驻 56 家企业，21 家工作室，主要涉及的文化产业门类有：当代艺术、时尚设计、建筑设计等。目前主要入驻的工作室和企业代表如表 7 – 6 所示。

表 7 – 6　M50 桃浦文化创意产业园入驻工作室和企业代表

	工作室和企业代表
工作室	香格纳画廊、刘建华工作室、杨福东工作室、杨振中工作室、张鼎工作室等
企业	今日动画：国内第一家拥有动画片出品资质的民营动画公司，业务已由最初单一的动画片加工，逐步发展成动画片合作拍摄、制作、发行、版权授权经营与开发，以及图书、音像制品、玩具、文具礼品的出品、销售等为一体的综合性动画影视公司。代表作品有《中华小子》《马丁的早晨》
	上海雨石工业产品设计有限公司：源于 2000 年跨世纪设计工作室，是专注于航空航天客机、大型工程机械、工业重工、工业设备、工业模块、家用电器、消费电子、生活用品、通信设备、医疗器械、体育用品等领域的专业工业设计公司

工作室和企业代表	
企业	上海魅谷商业摄影文化传媒有限公司：打造国际化的时尚影视拍摄基地，专注于服饰广告拍摄的同时，满足产品、美容、艺人明星等各类商业创意拍摄的需求
	赫龙集团：成立于1979年，全球总部坐落于新加坡，并已发展成亚太区艺术珍藏品物流业的市场领袖，拥有世界级的艺术珍藏品物流专业服务

资料来源：笔者整理。

M50桃浦文化创意产业园未来希望引进的目标客户有：知名广告传媒公司，动漫产业公司，国际咨询公司，信息技术产业公司，音乐、娱乐公司，时尚产业公司等，加快形成创意产业集聚。

M50桃浦文化创意产业园的公共文化服务主要涉及三个方面：一是借助园区内的艺术中心、画廊创建当代艺术展示平台；二是向社区文化服务中心提供文化服务；三是与相关部门、单位建立合作。具体服务内容如表7-7所示。

表7-7　M50桃浦文化创意产业园主要公共文化服务项目类别及具体内容

项目类别	具体内容
当代艺术展示平台	邀请全国知名艺术家展示装饰、雕塑艺术； 2011年开始做平台——当代艺术中心，办展览
服务中心	将文化产业资源开放，借助画廊，面向社区文化服务中心提供公共文化服务
合作培训	面向小朋友，培养小朋友养成走入博物馆、艺术馆的习惯； 与复旦视觉艺术学院、上海大学美术学院、华东师范大学合作，开展培训

资料来源：笔者整理。

（二）公共文化服务项目人才总体情况

园区就业人数近500人，其中7%是"海漂"人才。本文将从下述几个方面来分析M50桃浦文化创意产业园公共文化服务项目人才的总体情况。

（1）园区聚集众多艺术人才资源。目前园区内主要包括三类人才：

一是当代艺术人才，涉及雕塑等；二是时尚设计人才，包括时尚、工业设计人才等；三是影视和平台摄影类人才，包括导演、编剧、广告人才等。

（2）行业流动率比较大。很多人才会因为个人选择，而跳转到更好、更大的平台。很多学生在园区这个平台实习一段时间后，也会离开。

（3）人才招聘方式较为单一。文化创意行业的特殊性对员工的艺术气息、创作能力都具有一定程度的要求，因此，招聘到合适的人才并不是容易的事情。目前，人才招聘主要采取了校园招聘、网络招聘等方式，招聘渠道并不广泛。

（三）上海市艺术产业公共文化服务领军人才代表

刘建华，1962年生于江西吉安，1977年进入江西景德镇市雕塑瓷厂创作室工作，1985年考入江西景德镇陶瓷学院美术系雕塑专业，1989年毕业到云南艺术学院任教，现为云南艺术学院美术副教授，自2004年起任中国上海大学美术学院雕塑系教授。目前，他工作和生活于中国上海，在M50桃浦文化创意产业园开办了其个人工作室——刘建华工作室。以下总结他对于艺术及人才培养的观点。

（1）作品定位。陶瓷是刘建华若干年来不断艺术实践的一种创作媒介。此外，刘建华跳出以陶瓷为单一创作材料的框限，同时使用了诸如钢铁、玻璃钢、画布、现成品等各类材料进行创作，用其他艺术方式加入了自己的观念，对今天的城市与社会提出一些自己觉得该提出的问题。刘建华艺术的魅力在于其对材料统一而多变的应用、对主体的准确定位以及其中发人深思的问题，其对政治、社会和美学主体的理想使他的作品有一种独特的品质。

（2）国际视野。对于艺术全球化趋势，刘建华认为："站在不同的角度去分析又会得出不同的结论。我觉得全球化有利的一面在知识和资料的共享更普遍化及地域距离感的消失。不利的一面在全球化对文化、艺术等领域的统一，继而产生一种世界各国文化资产的'消失'与'磨合'的趋势。但这种'消失'我认为也仅仅是表面上或是形式上的，每个有自信心的民族必然会在精神层面上继承自己特有的文化内核，所以当下我认为我们应该更注重对于本民族文化和艺术精神层面的教育及保护，用以应对全球化的冲击。"

（3）艺术教育。对于学生教育这一方面，刘建华一直认为要教导他们从小注重对美学知识的积累，不单单只针对艺术类学生，而是所有的孩子。"我们更不应该把美学教育当作是一门应试教育的课程来设置。这是一个民族对其自身文化、哲学、美学等等的一种态度。这种态度下的治学不但要教授学生知识，更要让学生学会做人，学会'与人为善'"。

第八章　影视产业公共文化服务体制外人才队伍分析

一　影视产业公共文化服务人才总体情况

当前，中国影视人才的培养与锻造日益成为迫切而重要的时代命题，但在这一过程中仍面临一些突出的问题，例如现行的影视生产与传播机制阻碍着影视后备人才的自然进入；较大的高端人才使用风险使多种资源流向已获得成功的影视人才；现行的教育体制下院校培养的人才与影视生产一线的需求不相适应、不能对接；现有的人才培养内容与模式较少考虑动态变化的新媒体环境与相应变化的艺术、文化环境等。在影视公共文化服务方面，对影视人才的需求主要有以下特征。

（1）高层次领军人物和高素质人才不足

在影视事业发展中，急需善于开拓新领域的拔尖创新人才、掌握现代传媒技术的专门人才、懂经营善管理的复合型人才、适应影视艺术走出去需要的国际化人才。

（2）基层影视人才建设不完善

在基层提供影视公共文化服务过程中，急需乡镇、街道等基层行政单位影视管理、宣传与服务人才，扎根民间制作影视作品丰富民众精神文化生活、传承民族影视文化的基层影视人才，以及具有一定专业知识、富有奉献精神的影视文化志愿者。

（3）影视人才的职业道德与作风有待加强

在提供公共文化服务的过程中，一方面需要影视人才自觉践行社会主义核心价值体系，增强社会责任感，力求做到德艺双馨，坚决抵制低俗、唯利是图的作风；另一方面，需要影视人才深入实际、深入生活、深入群众，拜人民为师，增强国情了解，增加基层体验，增进群众感情。

二　上海影视产业公共文化服务人才现状

"十二五"期间，上海的影视制作等主导文化品牌迅速集成。2016年，上海影视创作初步形成制片主体逐步集聚、人才梯队初见规模、创作环境日渐优化的良好局面。在影视产业公共文化服务方面，上海的相关专业人才表现出一定的素养与特征。

（1）上海影视产业公共文化服务管理人才素养与特征

①战略性视野。影视产业公共文化服务在促进影视发展的总体要求的基础上逐步发展和壮大，从事相关服务的机构负责人一般比较了解影视产业的发展特点，善于厘清产业的服务性质和发展方向。

②国际化理念。在影视全球化发展背景下，面向公众的影视公共文化服务从影视内容、制作方法等方面都需要具有国际化的思考与借鉴，公共文化服务的从业者比较善于灵活借鉴西方影视制作理念和各国先进经验。

③互联网思维。影视信息基础设施建设、优质影视资源开发与应用、管理信息系统构建已经成为加快影视信息化进程的重点工作。影视产业公共服务从业人员对电子化学习、网络化学习具有深入的认识。

④资源整合力。在提供影视公众化服务的过程中，影视产业领域内的相关人才善于整合自身企业、政府平台、协会活动、其他各类与公众工作生活紧密相关的载体等资源，提高公众对服务内容的认知度和接受度。

⑤管理创新力。影视产业公共服务项目的管理者具有较强的项目创新能力，并具有较高的项目管理水平，从而可以通过创新运行机制和管

理模式使得团队的公共文化服务活动更有成效。

（2）上海影视产业公共文化服务营运技术人才素养与特征

①知识含量高。影视产业提供公共文化服务的营运及技术人才具有较高的学历背景，根据工作内容的具体学科门类，拥有外语、计算机、摄像、三维动画、特效包装、APP 客户端开发等专业知识，并且在工作过程中注重不断更新知识结构。

②队伍年轻化。公共文化服务项目的技术及营运人才年龄结构偏年轻化，并且在与电子化学习、网络化学习内容相关的项目中表现得更为明显，与服务对象的沟通更加顺畅。

③创新能力强。以项目运营为核心，各类人才从项目主题的确定、项目团队的构建、项目活动的策划、项目活动的开展、项目人员的激励等各个环节，都表现出较强的创新精神和创新意识。

三　上海影视产业公共文化服务企业人才总体情况

基于对上海影视制作行业公共文化服务人才的抽样调查、深度访谈的结果统计，55% 的企业用工以合同为主（承担社保），45% 的企业用工以项目外包或兼职为主。可见，合同制是上海影视制作行业在提供公共文化服务时的主要用工方式，但兼职人员在公共文化服务方面也发挥着重要作用。

（1）影视产业公共文化服务企业人才的基本情况

①从业人员专业背景。被调研企业中有 62% 的从业人员具有影视专业背景，38% 的从业人员具有与影视相近专业的背景，例如 IT、新闻、中文等。所有从业人员都具有一定影视制作的知识与经验，因此可以看出，影视行业从业人员具有一定的专业性，需要具有一定的专业背景和素养。

②新晋企业员工的适应期。54% 的新晋员工的平台适应期在 3 个月以内，22% 的平台适应期在 4～7 个月，4% 的平台适应期在 8～12 个月。可见，由于影视行业工作强度大、节奏快，专业性和行业知识的更新迅速，

新晋员工需要在较短的时间内适应岗位要求。因此，员工必须具有较强的适应能力与专业储备，以便更快地接手工作。

③员工学历背景与能力要求。上海被调研的影视企业中，69%的企业以本科生为主，31%以大专生为主。影视行业从业人员主要以本科生为主，但同时由于影视行业的工作大多涉及实践操作，需要从业人员具有较高的操作能力与实践经验，所以影视行业较其他行业更加注重实践性和理论知识的平衡。

④员工薪酬情况。根据对影视企业从业人员平均薪酬的结果统计，影视行业从业人员的平均薪酬上限为9583元，平均薪酬下限为4375元，综合来看，影视从业人员的平均薪酬为6979元，高于社会平均水平。平均薪酬的上下限差值较大，说明员工的薪酬具有一定的职业上升空间。另外，影视制作行业中，员工的平均起薪点随学历的增高而上升。大专生、本科生、研究生的平均起薪点分别为3513元、4229元、5172元。

⑤员工工作年限。基于针对调研企业中30岁以下的员工展开的在岗周期的调查，52%的员工在岗周期为1~2年，48%的员工在岗周期为2~4年，虽然所有员工的在岗周期都多于1年，但也没有员工的在岗周期超过5年。可见，相对而言，影视制作行业特别是私营企业，员工在岗周期不长，人员的流动性较大，普遍存在人才跳槽现象。

（2）影视产业公共文化服务企业人才的培训情况

①培训需求方向。企业的培训需求方向有前期摄像、影视后期制作、新媒体技术、灯光技术、制作系统建设、录音技术，并且，培训需求按此顺序以倒金字塔结构呈现，即企业培训方向主要集中于前期摄像和影视后期制作两个方面。

②培训形式。多数企业选择工作日晚间班和一个月内结业的业余班，培训形式多与工作情况相关，一般选择在业余时间培训或是时间短的培训形式，在培训同时不耽误工作。总体来看，影视制作企业培训形式的需求具有多样化趋势，大多与自身的业务特点关系紧密。

③培训费用来源。50%左右的企业愿意承担1000元（人/年）左右的培训支出，46%的企业愿意承担1000~3000元（人/年）的培训费用。另外，4%的企业不愿意承担培训费用，所以员工是自费培训的。被调研

企业中，企业承担的员工培训费用都未超过 3000 元（人/年）。综合看来，大多数企业愿意出资培训员工，以弥补行业存在的人才缺口。

④培训机构选择。绝大多数企业更愿意选择具有行业协会、学会背景的培训机构，社会化的培训机构次之，很少有企业愿意选择大专院校、自请专家或自办培训。企业选择培训机构比较重视培训机构的专业性与性价比，以保证员工培训后得到真正的能力提升。

（3）上海影视产业公共文化服务企业领军人才代表

上海影视产业公共文化服务企业领军人才情况如表 8 - 1 所示。

表 8 - 1　上海影视产业公共文化服务企业领军人才

重点企业	领军人才	职务	简介
上海新文化传媒集团股份有限公司	杨振华	董事长兼总裁	创立巨人集团、曾获得"CCTV 中国经济年度人物"称号
上海三九文化发展有限公司	方全林	董事长	上海市国际文化交流中心理事长，上海娱乐公司董事长，上海宏华文化创投管理公司董事长
上海海润影视制作有限公司	曲光辉	董事长	海润影视制作有限公司董事局副主席
上海唐人电影制作有限公司	蔡艺侬	总裁	曾任香港超级艺能制作有限公司演员资源部总监、市务部经理，中国电影集团总经理
上海天娱传媒有限公司	王鹏	董事长	曾任湖南娱乐频道副总编
上海慈文影视传播有限公司	马中骏	执行董事、总经理	一级编剧，曾获得"中国电视剧产业二十年突出贡献出品人"称号、"2011 年度中国创意产业领军人物奖"

资料来源：笔者整理。

四　上海新文化传媒集团股份有限公司公共文化服务人才情况

上海新文化传媒集团股份有限公司（以下简称新文化传媒）是一家股份制文化企业集团，主要从事影视剧的制作、发行及衍生业务，并已开始从事电影的制作及发行。公司自成立以来，累计向国内电视台发行了近 2000 部（集）原创电影、电视剧和专题节目。

（一）公共文化服务项目

新文化传媒定位于精品电视剧的制作和发行，发展愿景是成为传承文化、不断创新的内容提供商。公司一直坚持"传承文化、创造新文化"的企业宗旨，依托以市场需求为导向的"策划、制作、发行"一体化业务链体系，致力于发展成为国内电视剧市场的行业龙头。公司力求通过贯彻"规模化、集约化、创新性经营"的三大经营策略和"优化人力资源、聚合行业资源、完善公司治理"的三大保障措施，大幅度提升公司面向国内、国外市场提供大规模、高品质电视内容服务的能力，从而成为"中华优秀文化的诠释者和传播者"。

（1）创造新文化产品。面向社会公众需求，新文化传媒每年制作、发行影视剧的产量达到 200 部（集）以上，另具备年制作 200 集电视专题栏目的能力。

（2）举办或参加公益活动。在安徽卫视等地方卫视参与公益拍卖活动，对电影服饰等进行拍卖，为淮河流域遭受水灾的地区捐建希望小学等。

（3）成立文化基金。新文化传媒通过成立文化基金的形式拓展公共文化的服务内容，如 2013 年与上海赛领资本管理有限公司共同在上海发起设立赛领新文化股权投资基金，首期规模为 10 亿元，可用于优先从事文化、传媒、旅游、游戏、广告等领域的境内外股权投资、并购、债权投资、夹层投资、园区投资建设运营等业务。

（4）积极开展并购活动。新文化传媒通过积极并购，施行外延式发展战略，并从影视剧业务扩展至户外 LED 媒体广告业务，实现产业链的有机延伸。在此过程中，各种不同内容、形态的业务交叉渗透、相互支持，有利于提供更加丰富的公共文化服务活动。

（二）公共文化服务项目人才总体情况

新文化传媒在上海总部的人员为 124 人，在年龄、学历、职称等方面的特点如下。

（1）员工年龄总体趋向年轻。目前新文化传媒在上海总部的 124 名员工中，30 岁以下员工数 50 人，约占比 40.3%；而 40 岁以下员工数 91 人，约占比 73.4%。企业员工在公共文化服务中更具有创新意识，也表现出较高的工作热情。

（2）学历层次总体较高。新文化传媒中本科及以上学历员工 64 人，约占比 51.6%；且约 90.3% 的员工都具有大学学习经历，文化层次普遍较高，具备开展公共文化服务的知识和能力水平。

（3）职称水平较低。新文化传媒员工中仅有 6 人具有高级职称，8 人具有中级职称，具有职称员工仅占员工总数的 11.3%，这与企业性质有关，与公司员工年轻化的特点有关，同时也与专业培训的渠道和力度有关。

（三）公共文化服务人才队伍建设面临的问题

新文化传媒在公共文化服务人才队伍建设方面面临着许多具体问题，其中很多问题是由于政策方面的原因而难以解决，这些问题在一定程度上具有普遍性，具体表现如下。

（1）人才引进的手续烦琐。新文化传媒在影视剧制作、发行方面需要广纳人才，在提供公共文化服务时也需要专业的团队，但在引进韩国、中国台湾等国家或地区优秀专家的过程中，存在签证等手续办理方面的问题，耗资耗时，影响项目的开展和推进。

（2）人才安排等缺乏相应支持。新文化传媒在引进相关人才的过程中，需要投入大量人力物力，解决人才队伍的短期食宿等问题，但在租房手续、租金谈判中面临持续性差、变化性强等烦琐的事务性问题，缺乏人才公寓或政府提供相关支持的优惠政策。

（3）人才相关问题的协调性弱。新文化传媒是虹口区唯一的一家文化产业上市公司，税收上缴虹口区，但实际上虹口区以一己之力难以解决涉及人才等的许多相关问题，需要由市级层面出面协调，但目前尚未形成问题的解决机制。

（4）人才个人所得税过高。新文化传媒项目及公共文化活动的开展需要素质较高的人才队伍，而要引进和留住人才则需要具有有竞争力的薪酬水平，但由于较高的个人所得税，公司难以承受人才引进的成本。以年薪 50 万元为例，个人所得税超过 12.5 万元，在高管、高技术人员中该问题尤其严重，缺乏以奖励形式返还等鼓励政策。

（5）人才资源与人才培养不足。作为影视剧制作与发行公司，新文化传媒需要多种人才，而且各类人才需要在工作过程中得到持续培训，并能提高专业创造力，目前公司在所需人才资源以及人才所需培训方面均不能满足发展的需求。

（6）人才亟须跨界培训。新文化传媒下设八个工作室，每个工作室由 2~3 名工作人员组成，并且 1~2 年完成一个项目。项目管理需要多方面人才，或者需要相关人才具有艺术、管理、融资等多种专业技能，然而目前的状况是"艺术者带着镣铐在市场中跳舞"，专业学习中的学科内容非常滞后，因此，培训工作需要增强跨界意识，并且要提高针对性和应用性。

（四）上海市影视产业公共文化服务领军人才代表

杨震华，上海新文化传媒集团股份有限公司董事长、总经理。2008年被中国广播电视协会评为全国优秀出品人，2010 年获得澳门国际电视节优秀制片人奖，2011 年被中国广播电视协会、中国电视艺术家协会评为中国电视剧产业二十年突出贡献出品人。在其带领下，新文化传媒获得了丰硕成绩。

（1）集团奖项

①2008 年被中国广播电视协会评为全国电视剧十佳制作单位，总裁杨震华同时被中国广播电视协会评为全国电视剧十佳出品人；

②2008 年被中华人民共和国商务部、文化部、国家广播电影电视总局、国家新闻出版总署评为 2007~2008 年度国家文化出口重点企业；

③2008 年被上海市信息服务行业协会评为 2007 年度诚信企业；

④2007 年被评为上海市现代服务业民营百强企业。

（2）电视剧奖项

①2007年《来电奇缘》在浙江钱江都市频道播出，获得同期杭州地区收视排名第一，并于2008年在深圳卫视播出，位列同期省级卫视收视第三；

②2007年《绣娘·兰馨》被安徽卫视独家买断播映权，这是大陆地方卫视首次采用买断方式购买电视剧，当年收视排名位列大陆省级卫视电视剧播出第一名；

③2007年《婚后五年》在上海电视台电视剧频道黄金档播出收视排名位列2007年度第五名，在其他省市播出收视也名列前茅；

④2007年《记忆之城》在中央电视台八套播出，收视位列年度第十名；

⑤2006年《徽娘·宛心》在上海、广东、江苏、江西、天津等地区的收视率创2006年上半年度最高点，并获上海电视剧频道黄金档2006年二等奖和第三届中国电视剧风云盛典收视十佳电视剧奖，在中国香港亚视、中国台湾东森、北美等市场也都取得了良好的收视率；

⑥2005年《不在犯罪现场》获上海电视台新闻综合频道黄金档2005年三等奖；

⑦2005年《原来就是你》获上海电视台电视剧频道黄金档2005年二等奖及南京电视台收视率前十名奖。

杨震华认为，影视行业公共服务人才的培训应该借鉴韩国的管理经验，对艺人进行综合性演艺培训。具体工作有：

——带领集团与虹口区合作建设新文化创意园，自办培训基地；

——提倡有序、生态的人才培养模式，增强演艺经纪实力；

——提倡游戏与网络的跨界融合，利用3D等高科技提升影视剧制作水平，例如《封神榜》《哪吒》《孙子兵法》等；

——通过生产成就人才，利用产业配套分工，培训人才。

第九章　其他产业公共文化服务体制外人才队伍分析

一　文化体育行业——长远集团

上海长远集团经营管理着虹口足球场、鲁迅公园、虹口游泳池、多伦路文化名人街、多伦现代美术馆、朱屺瞻艺术馆及虹口区各影剧院等文化体育产业。集团主要业务有主、承办大型活动（足球甲A联赛、演唱会等），相关业务有运动休闲、广告、绿化养护工程、旅游、影视娱乐、物业开发、商务推广及各类展示展览会等。

（一）文化体育行业公共文化服务项目人才总体情况

（1）从业人员的年龄明显偏大，学历相对较低。以长远集团为例，现有员工395人，从年龄结构来看，30岁以下员工为44人，仅占11%；30~40岁员工为59人，占15%；40~50岁员工为89人，占23%；50岁以上员工为203人，占51%（见图9-1）。可见，集团内40岁以上员工的比例达到了74%。从学历结构来看，本科学历为90人，占比为23%；研究生及以上学历为12人，占比为3%；本科以下学历的员工为293人，占比为74%（见图9-2），这与集团年龄的结构层次具有较明显的匹配关系。

（2）从业人员的职称层次偏低且晋升缓慢。以长远集团为例，在现有员工中，具有中级职称的员工仅10人，占比仅为2.5%，而且，所有

30岁以下
44人（11%）

50岁及以上
203人（51%）

30~40岁
59人（15%）

40~50岁
89人（23%）

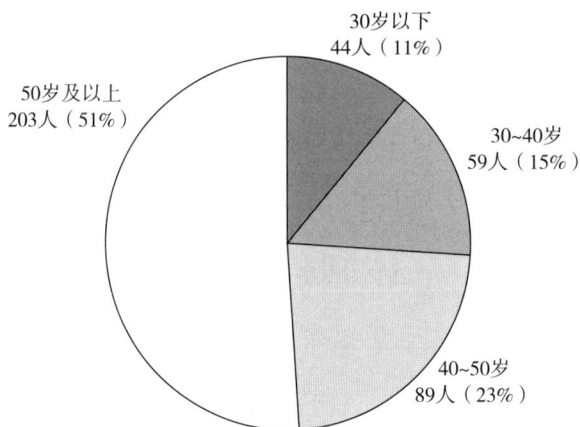

图9-1　长远集团员工年龄结构

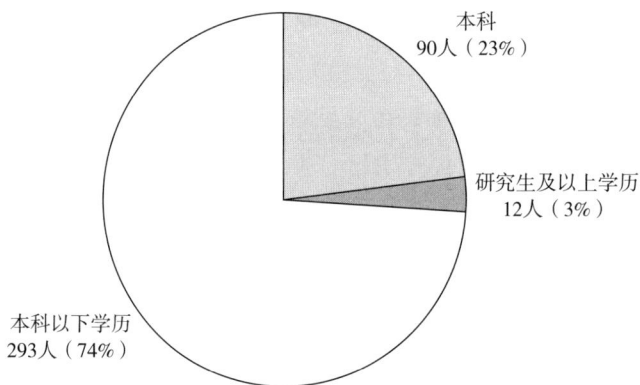

本科
90人（23%）

研究生及以上学历
12人（3%）

本科以下学历
293人（74%）

图9-2　长远集团员工学历结构

资料来源：课题组整理。

具有中级职称的人员，其评定年限均已满三年，这意味着在最近三年中集团内没有新评定的中级职称员工。具有高级职称的员工为2人，并且有1人将在三年内退休。

（3）重视员工培养与人才引进。以长远集团为例，近三年来，公司引进人才17位，员工能力提升主要依靠单位培养的方式进行，并且达到了4494人次，这与其他行业形成明显反差。

（4）项目管理人员比例基本合理。以长远集团为例，公司现有管理人员与其他人员的数量比例为1∶4.3，从公司管理幅度设置的一般经验来看，高层管理人员的管理幅度一般为4~5人，中层管理人员的管理幅度一般为 6~9 人。可见，从管理幅度上看，长远集团的管理人员分布较为合理，数量显示充足。同时，工勤技能人员占员工总量的比重为 49.6%。

（5）从业人员的稳定性很高。以长远集团为例，现有员工工作年限不满三年的人数为 17 人，占 4.3%，其中，工作年限 1 年以下者为 2 人，占 0.5%；工作年限在 5 年以上的员工为 351 人，占比达到 88.9%。并且，该公司 2013 年的员工离职人数仅为 4 人，在全部员工中仅占 1.0%。可见，长远集团的员工队伍具有很强的稳定性。

（6）员工招聘方式具有保守倾向。以长远集团为例，在员工招聘时主要采取了员工推荐、内部选拔两种方式，招聘渠道比较集中。

（二）文化体育企业公共文化服务项目人才供求情况

（1）在公共文化服务项目运作中，文化体育行业培养和锻炼了相关项目负责人才。以长远集团为例，该公司在文艺创作、项目管理等方面形成了引领项目成功的关键人才。并且，为其他相关企业输送了优秀的项目管理人员。

（2）在项目运作中，锻炼了一批具有潜在实力的项目运作人才。这些人员作为第二梯队，具有参与甚至承担项目的管理运作能力、创作设计能力等。

（3）现有员工尤其是管理人员不足且能力亟待提升。长远集团在公共文化服务方面存在人才数量不足的问题，并且现有人员的管理能力较低，不能充分满足提供公共文化服务的实际需要。调研中发现，长远集团员工的年均培训次数为 13 次，培训人次达到 4494 次，这说明集团在培训内容方面需要进行相关调整，以提高培训的成效。

（4）市场化人才较为缺乏。长远集团迫切需要营销宣传人才和项目运营人才，这些类型人才的缺失使得集团业务的开展与市场的开拓受到了相应制约。

（5）以绩效激励和晋升发展为关键，引进和保留高层次人才。公司引进和留住高层次文化服务人才的方式主要是绩效激励、提供晋升通道和发展机会。

（三） 文化体育行业公共文化服务项目人才队伍建设情况

（1） 根据业务需要，以带教的方式对部分管理人员进行重点培养。

（2） 重视发挥编外专家的重要作用，聘请不在编制中或已退休人员，以兼职或志愿者方式参与公共文化服务。

（3） 重视培养和锻炼管理岗位与技术岗位双肩挑的复合型人才。

（4） 鼓励员工获取重要奖励或荣誉称号，发挥其影响作用和带队作用。

二 信息传播行业——苏河文化创意中心

上海苏河文化创意中心（以下简称苏河）是于 2012 年批准成立并在闸北区注册的民办非企业组织，主要面向中小企业提供相关政策导读、信息传播等服务。2012 年底，苏河举办创业论坛，并在响应共青团上海市委的要求下，建立网站和 APP 终端，每天更新相关内容。在公共文化服务方面，提供了特色文化服务，并成为上海市工商联委托的政策宣讲单位。

（一） 信息传播行业公共文化服务项目人才总体情况

（1） 从业人员较少，年龄分布均衡，学历相对较高。以苏河为例，现有员工 6 人，从年龄结构来看，30 岁以下员工为 1 人；30~40 岁员工为 3 人；40~50 岁员工为 1 人；50 岁以上员工为 1 人。可见，苏河 40 岁以下员工占比约为 67%，年龄结构较为合理（见图 9-3）。从学历层次上看，本科及以上学历的员工占比约为 67%，学历相对较高（见图 9-4）。

（2） 从业人员的职称层次偏低且晋升缓慢。以苏河为例，在现有员工中，具有中级职称的人数仅 1 人，占比约为 17%，并且该员工的评定年限已满三年，这意味着在最近三年中集团内没有新评定的中级职称员工。苏河目前尚没有高级职称员工。

（3） 人才引进与员工培养不受重视。以苏河为例，近三年来，单位仅引进 1 位人才，并且该员工的合同工作年限已满，即将离职。通过个

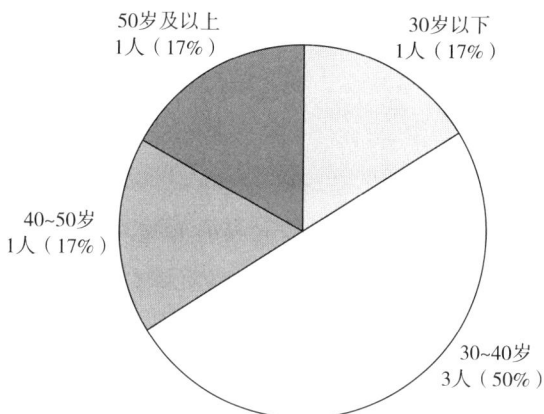

图 9-3 苏河员工年龄结构

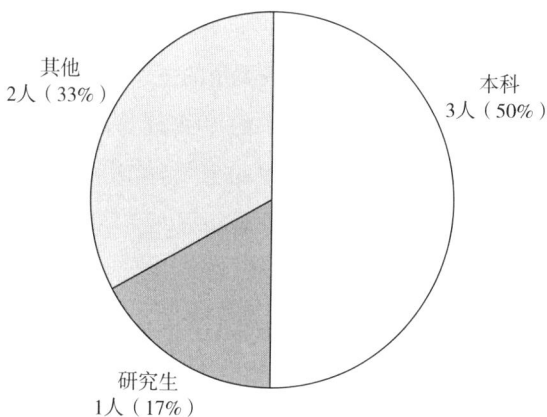

图 9-4 苏河员工学历结构

人进修方式提升能力的员工仅有 1 人，并且，单位近三年来没有组织过员工培养。

（4）项目管理人员比例合理。以苏河为例，单位现有管理人员与其他人员的数量比例为 1:6，从公司管理幅度设置的一般经验来看，高层管理人员的管理幅度一般为 4～5 人，中层管理人员的管理幅度一般为 6～9 人。可见，从管理幅度上看，苏河的管理人员分布较为合理。

（5）从业人员具有相对稳定性。以苏河为例，由于苏河成立仅 2 年，所以员工稳定性目前尚难判断。但是，从现有 6 名员工的情况看，仅有 1 名员工的工作年限在 1 年以下。所以，可以认为目前苏河的从业人员具有相对稳定性。

（6）员工招聘方式多样。以苏河为例，在员工招聘时采取的招聘方式多样，包括现场招聘、校园招聘、网络招聘、员工推荐等，这符合单位亟须相关人才的状况。

（二）信息传播行业公共文化服务项目人才供求情况

（1）在公共文化服务项目运作中培养和锻炼了相关项目负责人才。以苏河为例，该公司在创业平台设计、开发等方面形成了引领项目成功的关键人才。但是，在后备人才建设方面，单位缺乏相关保障机制。

（2）创新人才与市场化人才较为缺乏。以苏河为例，苏河迫切需要创新（原创）人才、营销宣传人才和项目运营人才，仅有的一位关键人才在合同到期后，也即将离开单位，这使得单位的进一步发展受到了严重制约。

（3）单位引进和保留高层次人才的方式较为多样化。以苏河为例，苏河引进和留住高层次文化服务人才的方式涉及工资福利、绩效激励、晋升通道和发展机会等多个方面。

三　新媒体行业——多媒体谷

（一）媒体产业内涵及其公共文化服务

媒体产业也称传媒产业，是指传播各类信息、知识的传媒实体部分所构成的产业群，它是生产、传播各种以文字、图形、艺术、语言、影像、声音、数码、符号等形式存在的信息产品以及提供各种增值服务的特殊产业。其分类大致为：①传统媒体产业：图书、报纸、杂志、电影、广播、电视；②新媒体产业：网络、手机、数字出版、动漫、游戏、电子报刊、手机报刊、数字电影、电视电影、网络广电、数字电视、手机电视、移动电视、楼宇电视、IPTV、电子商务、视频、社交、即时通信、无线增值、在线阅读、显示屏、数据库。媒体产业所提供的公共文化服务不仅包括了传统媒体产业中的图书、报纸、杂志等平面媒体，也可通过数字化、网络化的平台等新媒体产业进行相应服务体系的完善。随着新媒体产业的不断发展，愈来愈多的信息以网络及数字形式直接传递至用户，服务于用户。

（二）上海市新媒体产业公共文化服务现状

新媒体产业的出现推动人类社会进入数字传播时代，改变了信息传播环境，重构了人与信息的接触模式，也成为公共文化服务的主要提供者之一。对于公共文化传播，新媒体积极担任"文化传承者"的角色，给公共文化服务领域带来巨大变革。在提供公共文化服务方面，新媒体重塑了公共文化传播环境、创新了公共文化模式、拓展了公共文化服务空间。由于网络媒体的逐步发展及智能数字化平台的普及等新媒体平台的搭建，其正面效应表现得相当显著。

（1）拓宽了服务渠道。2014年，上海浦东软件园借助新媒体助推了"浦软"品牌的提升。浦软充分运用新技术、新运用，在充分调研浦软人实际需求的前提下，创新媒体传播方式，推出"3V"（微信、微博、微官网）的新媒体平台，进一步拓宽了浦软的品牌宣传渠道，积极向精准传播转变，并提升了浦软的品牌价值。

（2）深化了服务内容。2013年5月，"东方传媒"公共信息服务智能终端上线运行，继续强化了新媒体的公共文化服务职能。智能化的文化接收终端能有效追踪文化信息使用踪迹，透视文化传播趋势，利用数字化技术勾勒文化产品使用频次，从而形成"大文化"数据库，将文化接受者的文化使用习惯、使用频率、使用特点通过数字化平台呈现出来。

同时，新媒体产业也伴随着技术瓶颈及市场化运作对公共文化服务的公益属性挑战。数字公共文化服务在保障一部分人文化利益的同时，也将与新媒体绝缘的底层群众隔离在网络公共空间之外，阻碍公共文化服务的均等化建设；另外，依托互联网、移动网、广电网以及新媒体技术平台的文化服务系统尚未全面形成，保障数字公共文化服务体系的制度尚未明确，这都为市场力量入侵公共文化领域提供了契机。

上海市新媒体产业格局在今后三至五年的发展期中，可能面临着缺乏领军龙头企业、整体分布相对分散、文化自觉意识和社会价值归属感不强等挑战。2012年互联网信息服务收入前100家企业中，上海共有29家企业入榜。其中入榜前十名的上海企业有盛大网络集团公司、上海巨人网络科技有限公司、号百信息服务有限公司。盛大和巨人都是游戏公司，而号百公司则是中国电信在上海成立的全资子公司，承袭了电话黄页、号码百事通等传统优质的电信业务，这意味着上海新媒体产业的先锋阵营里，游戏是主力，产业领域相对单一。因此，虽然上海在互联网信息服务收入企业排名中，数量上具有优势，居全国第二位，仅次于北京（34家上榜企业），但是，上海既缺乏产业链前端的拥有内容原创优势、便于多元拓展的门户型企业，又缺乏能有效整合后端市场的电商企业，存在结构性缺失，不及排名第三的广东和排名第四的浙江，这种结构性缺失同样体现在创收能力和发展潜力上（周笑、黄泽蓉，2014）。

（三）上海多媒体谷公共服务项目及人才总体情况

上海多媒体谷是以发展新兴科技产业为主，集创意创新、企业孵化、创业服务、创新人才培育、科技成果转化等功能为一体的高科技园区，园区引入了清华科技园"聚集创新资源，聚合产业集群，聚焦创新创业企业，聚变世界一流企业"的"四聚"发展模式，秉承"空间有形，梦想无限"的精神，致力于构造实现产学研一体化的创新生态，以核心技术推动产业化，促进区域产业升级和经济社会发展。

（1）公共文化服务项目

上海多媒体谷入驻企业近500家，主要涉及科技类、动画制作、数码、广告、网络科技等等。其中入驻的核心企业如表9-1所示。

表9-1 上海多媒体谷入驻核心企业

企业名称	企业简介
博杰传媒	作为CCTV-6电影频道、CCTV-13新闻频道的广告代理商，博杰传媒精准有效的电视媒体投放策略，成就了众多知名品牌。在成功运营电视媒体的坚实基础之上，博杰传媒洞察行业大势，在全国范围内全面经营自有媒体——影院数码海报，以专业传媒人敏锐的视角，开创了大电影营销的价值蓝海

企业名称	企业简介
激动网	中国领先的三屏合一互联网视频服务提供商，国内领先的视频新媒体。由全视频媒体网站 JOY. CN、付费视频（VOD）、手机视频（3G）三个业务单元组成。2010 年获得国内民营视频网站首张新闻牌照。VOD、3G 业务规模视频行业第一
幻维数码	上海幻维数码创意科技有限公司是上海东方传媒集团有限公司（SMG）旗下上海炫动传播股份有限公司的成员单位。幻维数码拥有国际先进的视觉特效创作工具，更拥有一支充满激情的创作团队。500 多人组成的幻维团队正在努力实现"创造品牌、成就未来"的公司愿景

资料来源：课题组整理。

　　上海多媒体谷的公共文化服务主要涉及两个方面：一方面是为入驻的近 500 家企业提供个性化服务，另一方面则是与社区、市单位（旅游局）建立合作关系，提供各类公共文化服务。具体服务内容如表 9 - 2 所示。

表 9 - 2　多媒体谷公共文化服务内容构成

服务构成		服务具体内容
针对入驻企业的公共文化服务	载体建设	面积达到 22 万平方米，为企业提供个性化设计，主要包括：楼宇建设、物业基础管理、商务管理、配套设施管理（文体设施）等
	园区品牌建设	涉及 11 个公共服务项目，包括人才服务平台（人才推荐、集体户口挂靠、人事托管、相亲会、交友会）、户口办理平台、档案托管服务、短信平台建设、回访制度、一份园区报纸（欧亚之桥）等
	创新服务	提供个性化的企业培训、政策落地、法律服务、知识产权保护、公共研发平台等
外部公共文化服务	社区服务	为闸北区社区提供公共文化服务，包括科普教育，例如创图公司的产品展厅目前已成为闸北区的公共展示中心，展厅开放，供企业、市民参观
	合作	与旅游局等部门建立合作关系
	培训	例如，幻维数码培训中心培训数码技术人才，同时在建的有上海三维动画技术中心，也会提供相应培训服务

资料来源：课题组整理。

（2）公共文化服务项目人才总体情况

目前，园区工作人员共计 8000 人左右。本文将从下述几个方面来分析多媒体谷公共文化服务项目人才的总体情况。

①园区管理人员稳定性较高。多媒体谷管理部门一共 30 多人，招商部 13 人，流动性非常低，这样一来入驻的企业就能与对接的管理人员建立长期的互动联系，促进基地良性运作与发展。目前，招商部每年平均引进 30 – 40 家企业。

②园区管理人员激励机制建设效果良好。多媒体谷留住人才的激励措施主要包括：提高收入水平、增加物质激励、增强团队感情以及将员工发展前景与园区发展结合在一起等等。

③园区员工招聘方式多样化。多媒体谷在员工招聘时主要采取了校园招聘、网络招聘、员工推荐、内部选拔四种方式，招聘渠道比较广泛。但通过校园招聘到的员工一般情况下不能立即开展工作，需要进行培训。

（3）园区内部企业人才流动性比较大。园区内企业员工流动比例较大，目前园区内仍缺乏高端技术性人才，并亟须对员工进行技术层面的培训。

第十章 上海市公共文化服务需求及
体制外人才问题与对策

"十三五"时期，对上海的文化消费尤其是公共文化消费进行深入分析，有助于更好地理解公共文化服务领域体制外人才方面的问题，并提出相应的对策与建议。

一 "十三五"时期上海公共文化需求分析

（一）"十三五"时期上海文化消费特征

（1）消费增长空间较大

国际经验表明，人均 GDP 达到 6000 美元时，人民群众的精神文化需求和消费将急剧增长。一般来说，发展中国家文化消费占消费总额的比重为 18% 左右。就上海的具体情况看，2016 年，按常住人口计算的上海市人均生产总值已达 11.36 万元（以 2016 年 12 月美元兑人民币汇率均价计算，为 16420 美元）。但是，在过去十多年间，上海人民群众的文化娱乐消费的比重基本稳定在 10% 左右。从城市居民消费收入弹性方面看，文化娱乐消费支出并未随居民收入的增长而出现大幅度的增长，城市居民文化娱乐消费支出缺乏弹性（见图 10 – 1）。可见，上海市民还没有形成对表演艺术、艺术展览的消费习惯，随着艺术教育理念的升级，消费增长空间很大。

（2）群体多样、需求多元

上海是国际化大都市，是中国的经济、交通、科技、工业、金融、贸易、会展和航运中心。上海市总面积 6340 平方公里，2016 年人口达到

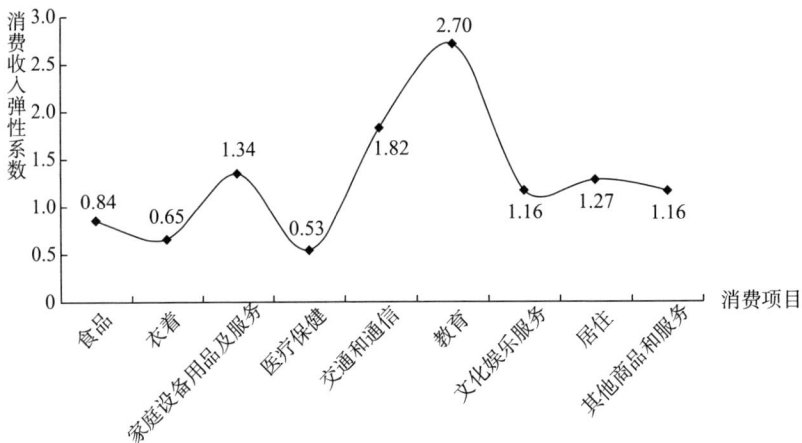

图 10 – 1　上海城市居民各项消费收入弹性比较

资料来源：戴建敏等，2015，《"十三五"时期上海文化发展的趋势及需求分析》，ht-tp://www.doc88.com/p – 6909779601409.html，最后访问日期：2017 年 6 月 11 日。

注：《"十三五"时期上海文化发展的趋势及需求分析》是《上海"十三五"文化规划思路研究》的中期成果。

2419.7 万人，居民群体在职业层次、收入水平、年龄结构、文化背景等方面具有丰富的多样性，产生了多元化的文化艺术需求。以年龄结构为例，上海老年人对于高端表演艺术、视觉艺术、文化遗产展览等文化活动的参与热情较高，且消费频率高；而年轻人则对有体验性、参与互动性、娱乐性、话题性的快速文化消费具有偏好。满足不同群体差异性的文化需求，形成多元化的产品体系，是"十三五"期间上海市文化发展的重要任务。

（3）技术创新文化生产

目前，文化内容生产的技术已经从"后期"配套介入，转向"前期"创意策划，形成技术创新与内容生产的紧密结合。同时，技术拓宽了文化传播的渠道，使得文化产品由传统的单项推送向双方互动转变，在这一过程中，消费者也由文化接收者转变为创造者和引领者。由于生产者可以通过云端计算的精准分析，实时反馈消费者对内容生产的意见，所以能够以技术创新文化内容生产，提升文化产品的竞争力。

（二）"十三五"时期上海公共文化需求

根据《"十三五"时期上海文化发展的趋势及需求分析》报告，可以从上海城市文化印象以及文化消费需求两方面把握上海的公共文化需求。

（1）上海城市文化印象

①多元化和国际化已成共识，但文化深度有待加强。大部分人对上海文化印象是积极的，并且各类人群的认知基本保持一致。60%以上的公众认为上海是多元化、国际化的大都市（见图10-2）（戴建敏等，2015）。

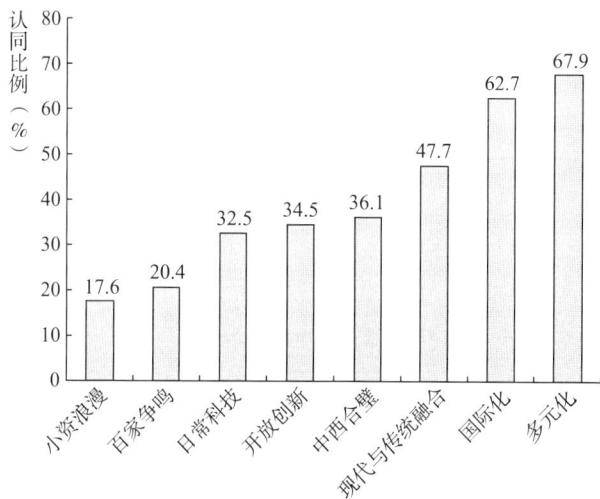

上海城市文化印象调查结果（a）

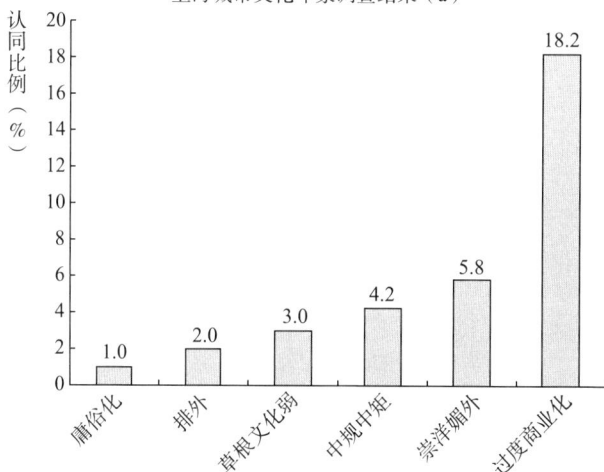

上海城市文化印象调查结果（b）

图 10-2　上海城市文化印象调查结果

资料来源：戴建敏等，2015，《"十三五"时期上海文化发展的趋势及需求分析》，http://www.doc88.com/p-6909779601409.html，最后访问日期：2017年6月11日。

注：《"十三五"时期上海文化发展的趋势及需求分析》是《上海"十三五"文化规划思路研究》的中期成果。

②时尚类的知晓率和参与率有待提高。传统文化活动如像园灯会、龙华撞钟等具有较高的知晓率和参与率；国际电影节、外滩迎新等活动也已经成为很有影响力的文化活动（见图10-3）。但相比之下，迷笛音乐节、西岸音乐节等新兴时尚文化活动的知晓率和参与率都比较低。这些活动的受众一般为年轻时尚的消费群体，营造了有活力的城市氛围，将来有可能推动新兴时尚发展的文化活动。

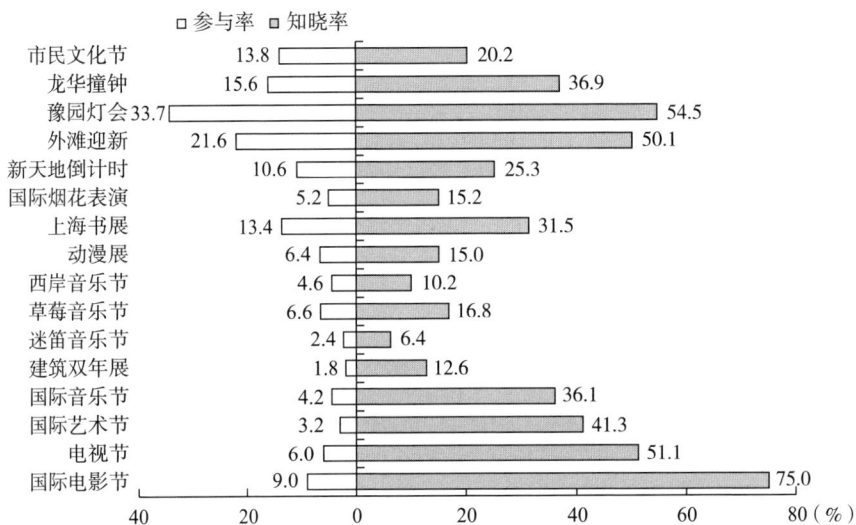

图 10-3　上海城市文化活动感知情况调查结果

资料来源：戴建敏等，2015《"十三五"时期上海文化发展的趋势及需求分析》，http://www.doc88.com/p-6909779601409.html，最后访问日期：2017年6月11日。

注：《"十三五"时期上海文化发展的趋势及需求分析》是《上海"十三五"文化规划思路研究》的中期成果。

③新兴文化设施知名度有待提高。80%以上的人认为东方明珠是上海的文化地标，外滩的认知度则达到将近60%；而梅赛德斯-奔驰文化中心、新天地、上海博物馆等地标的知名度还比较低，需要依靠时间和活动来不断提升（见图10-4）。在2017年3月新发布的38个上海经典地标中，有很多文化设施的知名度都尚在积累中。

（2）上海文化消费偏好

①影像视听、阅读出版、文化遗产消费获得较高偏好。在文化消费品类中，上海公众偏好影像视听、阅读出版的达到80%以上，对文化遗产也有60%以上的偏好率，可见，这些已经成为上海公众普遍的文化消

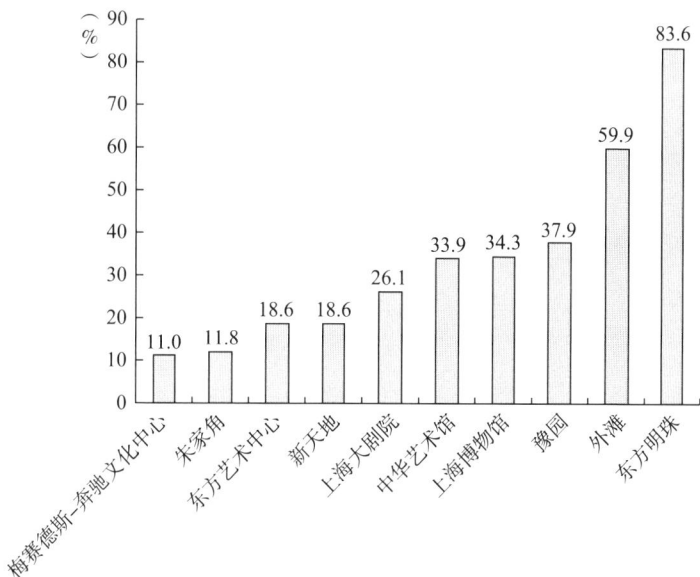

图 10 - 4　上海城市文化地标认同情况调查结果

资料来源：戴建敏等，2015《"十三五"时期上海文化发展的趋势及需求分析》，http://www.doc88.com/p - 6909779601409.html，最后访问日期：2017 年 6 月 11 日。

注：《"十三五"时期上海文化发展的趋势及需求分析》是《上海"十三五"文化规划思路研究》的中期成果。

费行为（见图 10 - 5）。因此，应该重视其产品品质的提升，从而提供更加丰富的文化消费品。

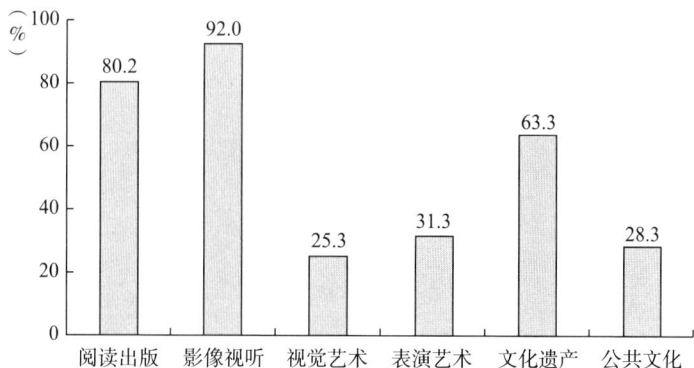

图 10 - 5　上海公众文化消费偏好情况调查结果

资料来源：戴建敏等，2015《"十三五"时期上海文化发展的趋势及需求分析》，http://www.doc88.com/p - 6909779601409.html，最后访问日期：2017 年 6 月 11 日。

注：《"十三五"时期上海文化发展的趋势及需求分析》是《上海"十三五"文化规划思路研究》的中期成果。

②表演艺术、视觉艺术消费不足。由图 10-5 可知，公众选择表演艺术、视觉艺术消费的比例分别仅为 30% 左右。从公众对于表演艺术和视觉艺术的评价得分来看，两类艺术消费不足的主要原因如下：一是公众认为这两类艺术形式的价格较高，弱化了参与的热情；二是相关艺术演出、展览的信息无法及时获取，难以事先安排；三是表演艺术的公共空间演出不太丰富；四是与视觉艺术展览相关的活动还不充分；五是艺术机构（画廊、大师工作室、拍卖行等）数量仍然有限（见图 10-6）。

③文化产品的丰富性和创新性有待提高。上海公众对于文化产品的多元性和创新性有较高的要求，例如，在文化遗产方面，公众认为博物馆的展陈形式比较陈旧、不够创新，展览线路缺乏精心的设计与组织，收费偏高，展示的内容不太丰富等；在公共文化方面，认为公共文化活动的专业水平不高，公共文化活动的参与性不强，同时也不太适合多种年龄层次的人群参与，另外，相关活动的信息也难以及时获取（见图 10-7）。

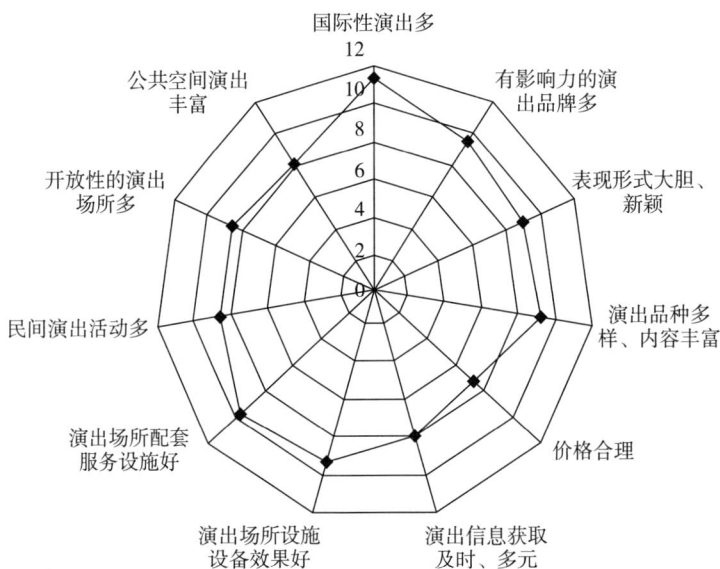

（a）表演艺术消费评价

图 10-6 上海表演艺术、视觉艺术消费评价得分情况

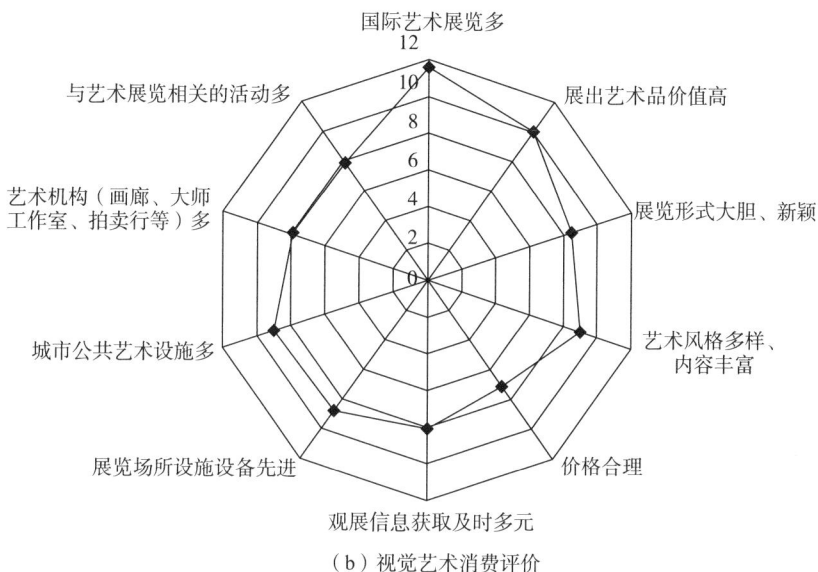

（b）视觉艺术消费评价

图 10 - 6　上海表演艺术、视觉艺术消费评价得分情况　（续）

资料来源：戴建敏等，2015《"十三五"时期上海文化发展的趋势及需求分析》，http://www.doc88.com/p-6909779601409.html，最后访问日期：2017年6月11日。

注：《"十三五"时期上海文化发展的趋势及需求分析》是《上海"十三五"文化规划思路研究》的中期成果。

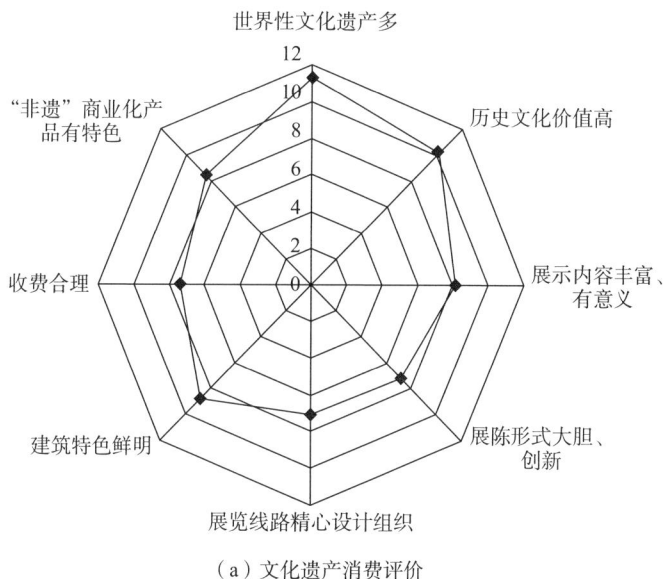

（a）文化遗产消费评价

图 10 - 7　上海文化遗产、公共文化消费评价得分情况

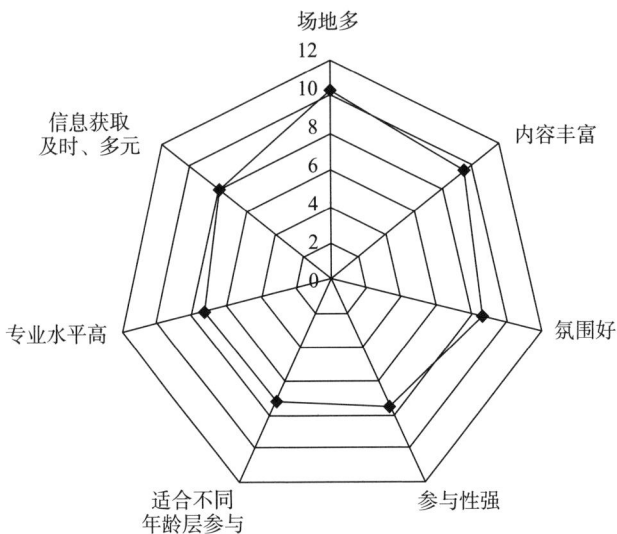

（b）公共文化消费评价

图 10-7　上海文化遗产、公共文化消费评价得分情况（续）

资料来源：戴建敏等，2015《"十三五"时期上海文化发展的趋势及需求分析》，http://www.doc88.com/p-6909779601409.html，最后访问日期：2017 年 6 月 11 日。

注：《"十三五"时期上海文化发展的趋势及需求分析》是《上海"十三五"文化规划思路研究》的中期成果。

④文化产品的国际化程度较低。在阅读出版消费方面，公众认为应更多地引进国际刊物，举办更多的书展、图书签售会等活动；在影像视听消费方面，认为应增加国际节目，拓宽获取节目的渠道等。当然，在这两方面，公众仍然希望能够降低价格，减少消费支出的成本（见图10-8）。

⑤郊区文化多样性、便利性不强。在公共文化方面，年长者、郊区居民、低学历和低收入人群的参与度普遍很高，但在活动内容丰富性、互动参与性和专业性方面仍有待进一步加强。可见，必须尽快创新公共文化服务的模式，并且要通过引入体制外的社会力量来提升公共文化服务的内涵。目前，上海的主要剧场、博物馆、美术馆等大型高端文化设施集中在中心城区，郊区的文化产品供给仍以社区文化互动为重要载体。

价格合理

（a）阅读出版消费评价

（b）影像视听文化消费评价

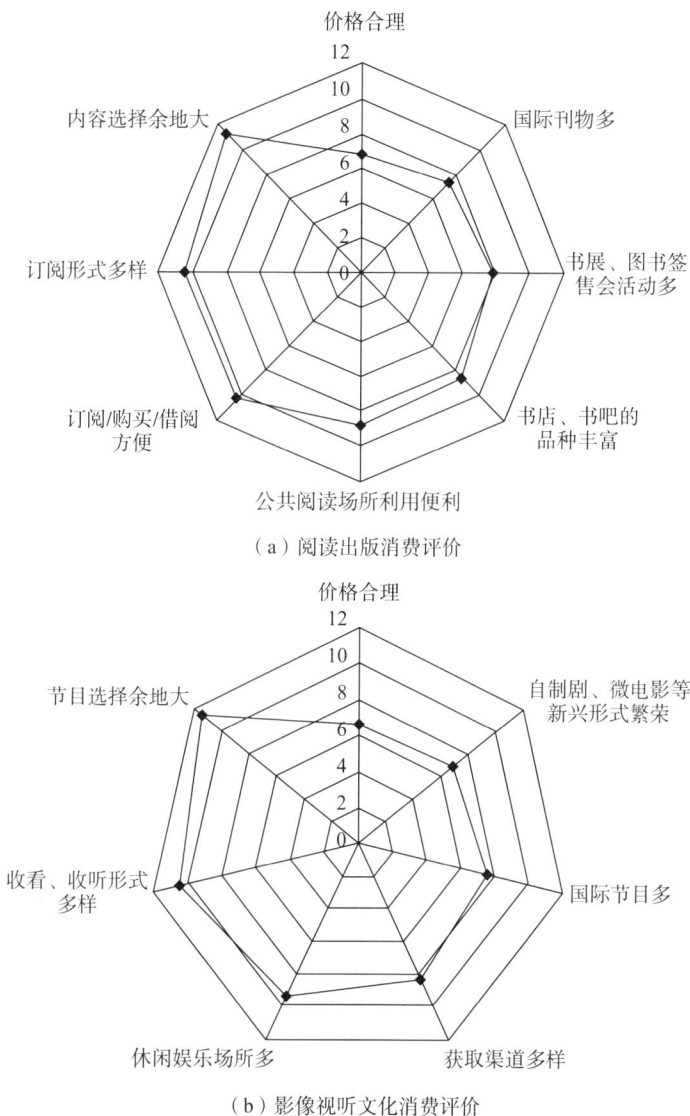

图 10 - 8　上海阅读出版、影像视听文化消费评价得分情况

资料来源：戴建敏等，2015《"十三五"时期上海文化发展的趋势及需求分析》，http://www.doc88.com/p - 6909779601409.html，最后访问日期：2017 年 6 月 11 日。

注：《"十三五"时期上海文化发展的趋势及需求分析》是《上海"十三五"文化规划思路研究》的中期成果。

（三）"十三五"时期上海文化发展的重点

上海在"十三五"时期对公共文化服务领域的发展，需要首先把握文化发展的原则性方向，然后再开展重点工作（戴建敏等，2015）。

（1）上海文化发展的主要方向

①更创新多元的文化创造。从文化创造角度来看，上海市需要更加创新、多元的文化，要形成更为多元的文化主题、更加丰富的文化内容、更加充沛的文化原创活力、更加创新的文化表现形式、更加多样的文化获取及传播渠道、更加便利的文化供给方式、更加国际化的文化内涵，从而营造开放、包容、宽松的文化环境。

②更广泛亲民的文化参与。从文化参与角度来看，上海要积极拓展文化参与的广泛性，使公共文化能够满足不同社会阶层、年龄阶段、民族、国籍等多元群体的多样化需求，也能够按需满足城区、郊区等居民的不同需求；既要传承传统文化，也要鼓励文化创新。总之，要提高文化的亲民性，提升公共文化空间的可达性。

③更国际化的文化影响力。从文化影响力来看，上海要尽快形成具有全球化和世界性的国际文化影响力，立足国际大都市和全球科技创新中心的建设，建立全球一流的图书馆、美术馆、博物馆、剧场等，将上海的文化设施带入全球视野，让具有本土创新特色的文化产品走向世界，并形成著名文化品牌。同时，加快培育一批具有国际视野、服务全球的文化创新人才，从而引领全球文化的发展。

④更有效益的文化协同性。从文化软实力来看，通过营造文化氛围、建设文化设施、打造文化品牌、举办文化活动、融合文化创新、释放文化活力等，发挥文化对社会经济发展的协同作用，凸显文化在促进城市社会经济发展中的重要地位与作用，拉长文化产业链条，形成更加广泛、更具价值的社会经济效益。

（2）上海文化发展的重点工作

根据上海公共文化消费的需求特征，可以将进一步提高公共文化的供给能力作为重点，力争在公共文化生产领域形成突破口，从而也为公共文化服务领域体制外人才的队伍建设确定方向（荣跃明、郑崇选，2015）。

①利用自贸区建设的金融杠杆推动创新发展。上海自由贸易试验区的建设是文化体制改革的重要机遇，可以使得许多工作摆脱烦琐的行政审批程序。其中，要充分利用上海金融中心建设的有利条件，更好地运用金融杠杆推动上海文化产业加快创新发展，尤其是培育和催生文化生产的新产业、新业态、新模式和新平台。当前，艺术品收藏鉴赏正在推动艺术品呈现金融化趋势。"十三五"时期，我国艺术品金融市场的规模可能为4万亿~5万亿元，上海在建设国际金融中心的过程中，应重点培育艺术产业中的艺术品资产管理、仓储、保险和租赁等新行业和新业态，解决好艺术品金融化中的鉴赏、估值和流动性等关键问题，积极推动艺术品金融市场规避风险和健康发展，并由此培养复合型的专门人才。

②加快上海电影产业的发展。我国已经成为仅次于美国的世界电影票房市场第二位，并开始全国一体化发展。电影产业是上海文化产业的重要支柱型产业，具有地理集聚的优势。上海应该重视新技术在电影产业中的应用，并在电影院线规模增加和视频网站大量涌现的背景下，顺应市场变化的新趋势，整合电影产业的各种优质要素，尤其是要注重吸引相关技术和管理人才。

③强调文化创意产业的发展。上海已经进入创意产业发展的重要阶段，创意产业在上海地区生产总值中的比重与贡献只是发展的一方面结果，更为重要的是，要带动和激发社会的创新创意活动，体现城市文化的创新活力。进一步出台相应激励政策，为文化创意企业提供多方面支持，形成分工明确、专业性强、生产效益高的创意产业集群，吸引更多的文化创意人才。

④推动传统媒体向网络新媒体转型。通过引入新理念、新技术、新运营模式，打造一批以大数据、云计算、新一代移动技术为核心的互联网内容传播平台。传统媒体应积极融合新媒体，加快运营模式的创新，在互联网新技术的背景下进行整体转型。为此，在人才方面，不仅要引进关键性人才，还要加强对传统产业既有人才的培训，在知识和能力方面做好转型。

⑤提升公共文化服务水平。上海市民文化节开始于 2014 年，其成功举办说明群众文艺是公共文化的核心，并且群众能创作出许多优秀作品。上海一方面要加快现代公共服务体系的建设，提升公共文化服务水平；另一方面，要让公众由参与者向文化的创新者转变，并为其对接市场提供服务。

二　上海市公共文化服务体制外人才发展瓶颈问题

根据对上海市公共文化服务领域体制外人才现状的调研，尤其是相关代表性企业公共文化服务人才的具体情况，可以总结出各文化产业现存的若干共性问题。

（一）　市场需求新形势下的人才数量与结构问题

（1）总量分布不均衡

在公共文化服务需求日益多样化的情况下，各类新兴业态不断涌现，市场对公共文化服务人才的需求与日俱增，但从人才队伍总量来看，提供公共文化服务的相关文化产业中的人才分布不均衡的现象较为突出。其中，演艺娱乐、文化旅游等产业人才供给相对充足，甚至出现部分艺术类专业学生因就业困难而转行的现象。但是，一些新兴产业，特别是创意设计、数字娱乐等行业中的人才需求却得不到满足，人才缺口很大。这使得许多相关公共文化服务质量难以得到保证，影响上海相关文化行业品牌的创建与提升。另外，上海市文化产业发展快速，发展空间很大，然而，要实现上海文化创意产业的发展目标，还需处理好一定程度上存在的文化产业快速发展与文化产业人才总量不足的矛盾。

（2）创意人才和产业领军人才稀缺

创意是各文化产业中文化品牌成长和文化产业发展的重要基础，在某种程度上，文化产业就是创意产业。目前，一方面，上海市创意产业的专业化程度还有待进一步提高，专业创意人才的整体实力需要增强；

另一方面，其他各文化产业中专门从事创意工作的专业人才更是十分稀少，许多文化企业内部没有设置专门创意岗位，与创意相关的策划、项目推广等工作多由企业内部中、高层管理者兼任。这虽然体现出对人才发展的复合型要求，但从国内外文化产业发展看，创意人才的专业化与专门化是文化产业发展的重要趋势。专业创意人才不足和从事创意工作人员专业性不强，已经成为制约上海市文化产业进一步发展和提升的瓶颈。

（3）复合型与创新型人才不足

各文化产业缺乏既熟悉文化建设规律又熟悉市场经济规律的复合型人才。复合型人才有向高端管理人才转变和晋升的可能，对产业的发展影响较大。以上海市游戏产业为例，在创意策划—技术制作—管理营销产业链中，精通各个产业环节的复合型人才最为紧缺。高素质的产业经纪人和中介公司的匮乏，使得上海市许多相关文化活动的商业价值被低估。同时，虽然技术型人才总体上培养数量较多，但为当前市场所急需、具有丰富实践能力、创新能力的高端技术带头人和高水平的专业技术团队极为稀少。

（二）市场化运营不足形成的管理体制与用人机制问题

（1）缺少有效的市场化激励机制

目前，上海市通过建立一些具有较高知名度的创意产业园区和相应的服务机构，聚集了一批具有创造力的优秀创意人才。但是，与国外公共文化服务发达的城市相比，上海市仍需要进一步完善市场机制和分配政策来调动人才积极性和创造性，协调高层次人才的劳动价值、贡献、效益与分配之间的比例，促进知识、技术、管理等要素在分配中得以更好地体现。另外，文化产业人才职称评定也只是主要体现在国有企事业单位，在民营和私营企业工作的人员没有评定职称的渠道和可能。

（2）相关文化产业制度缺乏和不够规范

一方面，相关政策的缺失导致人才流动的市场化程度不高，需要重视和增强文化创意产业人才服务机构的作用；另一方面，相关的文化产

业制度尚不规范和全面，人为因素多、法规因素少，这使得人才的创新环境不够宽松与透明，文化市场商业运作滞后，人才的创造性难以充分发挥。

（三）人才培养与市场需求相脱节的问题

（1）高端人才培养、培训不足

文化产业复合创新型高端人才的培养需要丰富实践经验的积累和高层次、高质量后续教育、培训的结合。目前，上海市各高校和社会培训机构在文化产业高端人才培养和培训环节仍较薄弱；作为新兴产业，文化产业本身没有在市场上形成独立的人才自我培养机制和系统，从业人员缺少获得系统、持续、高质量培训的途径。

（2）高校对相关人才的培养存在不足

首先，各文化产业相关专业发展不平衡。演艺娱乐与文化旅游相关专业设置数量较多，而动漫、网络视听、游戏等产业相关专业设置数量较少；其次，专业设置重复现象较为突出。一些高校不顾自身的办学实力而盲目开办热门专业，导致部分院校人才培养质量不高，培养目标雷同，专业方向特色不鲜明；再次，所设专业中多以技能技术性专业为主，文化产业管理类专业极为稀少，尤其是项目管理类人才是当前市场所急需的人才。

（3）文化产业人才培训和培养投入不够，多元化的人才投资机制尚未形成

政府、企业和学校在人才培养、培训方面缺少互动；企业对员工再培训的资金投入也较为缺乏；产学研衔接不够紧密，使学校人才培养作用发挥不够直接。

三　上海市公共文化服务体制外人才队伍建设建议

基于上海市公共文化服务领域体制外人才的现状及问题分析，针对

现存的具体问题及问题产生的原因，从文广行业特点、上海市情、体制外发展情况等视角，下文将有针对性地提出人才队伍建设的相关建议。

（一）建立文广行业系统规范的人才信息与合作平台

文广行业涉及的内容比较广泛，具有不同的分类标准和各具特色的具体业态。在人才方面，这些行业既存在一些共同的问题，如项目管理人才匮乏、创意人才和产业领军人才稀缺等；同时也在员工学历、从业经验等方面表现不同。因此，应根据文广行业的这些特点，建立系统规范的人才交流平台。

（1）以大数据为支撑建立上海文广行业人才信息库

以满足应用需求为导向，通过"数据、技术、应用"三位一体协同发展来建立上海文广行业人才信息库，集聚各文化行业相关人才的数据资源。由此，拓宽留才引智渠道，保证人才的凝聚力，给行业人才的流动、交流、互助提供必要的信息平台。

（2）凝聚各文化企业，形成人才流通合作机制

通过实施优惠政策、开展有影响力的文化交流活动以及举办相关赛事等，在文广行业人才信息平台上凝聚各相关企业，并通过知识共享机制、项目合作机制、市场流通机制等，形成各专业人才在企业间多种形式的流通，尤其要重视知识共享氛围的培养。

（二）形成上海高端人才创新创业的多元激励体系

应根据上海市文化产业发展的需要，在继续贯彻现有部分适宜政策的基础上，广泛借鉴国内外先进经验，建立系统的多元激励体系，通过营造良好的用人环境，吸引高端文化人才，并促进创新创业活动的开展，从而解决上海公共文化服务领域中领军人才、创意人才等短缺的难题。

（1）营造用人环境

注重人才素质、能力、业绩、贡献，建立具有激励作用的用人导向机制；建立公共文化服务人才数据库管理、评价、宣传机制，积极包装

各文化领域的领军人物，介绍其成果和主要业绩；鼓励创造，鼓励试验，容许失败，营造有利于专业拔尖人才成长的宽松环境；充分发挥各类公共文化服务人才在文化产业中的宣传推广、建言献策、融资投入等作用，形成众人关注、互相促进的良好格局。

（2）实施高端引进

一是将文化产业相关人才尤其是公共文化服务相关人才列入政府重点引进的人才目录中，对有意向引进的人才，可在就业、户口办理等方面给予一定优惠政策；二是在上海文化产业集聚区，可按所引进人才的创业能力或经营业绩给予办公场所优先选择权，对于特别优秀的人才，可免除1~3年的房屋租金；三是引进国内外较为知名的文化企业来上海投资或开设分公司，加强良性竞争，激活上海市文化产业的发展，进一步拓宽公众文化服务的内容和范围。

（3）支持人才创业

一是对在上海从事公共文化服务中涉及的技术转让、技术开发业务和与之相关的技术咨询、技术服务取得的收入，免征营业税。对科研机构服务于公共文化的技术转让、技术开发、技术咨询和技术服务所取得的技术性服务收入，暂免征收所得税；二是对在相关文化产业集聚区（园区）内为园区公共文化服务平台建设做出贡献的且被认定为高新技术企业的文化创意企业，企业所得税自获利年度起两年内免征，两年后按合理税率征收。加大对企业自主创新投入的支持力度，依靠专项资金或税收减免等方式给予倾斜；三是鼓励公共文化服务活动中自主创新取得的成果及时申请、注册相关专利；四是通过产学研一体化，积极促进学术研究成果走向市场与群众，完善公共文化服务体系。

（4）完善奖励机制

一是安排专项资金，采取贷款贴息、项目补贴、政府重点采购、后期赎买和绩效奖励等方式，对符合政府重点支持方向的公共文化产品或项目予以扶持；二是政府设立公共文化服务创意奖等，定期对有突出贡献的集体和个人给予表彰；对经营业绩突出、企业成长较快、公共文化服务影响力较强的管理者给予奖励；对业务熟练、水平较高的专业技术人员，通过行业内评选或推荐产生等方式，给予适度奖励。

（5）成立服务机构

为了能够使政府有效地利用宏观调控、统筹协调的方式对产业和人才进行管理和扶持，促进文化产业尤其是其中的公共文化服务部分快速、健全、持续、科学的发展，可由政府牵头成立专门的服务或管理部门，一方面可以促进文化产业相关人才建设工程落到实处，获得实效；另一方面，为高层次人才更多更好地服务于地方经济、政治、文化、社会建设架起桥梁，提高其服务地方的意识和水平。

（三）构建与上海科技创新中心联动的人才服务机制

上海加快建设具有全球影响力的科技创新中心，需要通过搭建公共文化服务与科技人才联动平台，形成完备和高效的创新服务体系，培育良好的创新文化氛围，形成内生创新动力；需要立足上海资源禀赋和文化基因，进一步加大科学普及、科技宣传力度，以国际化视野、采用新媒体手段，积极传播创新发展理念。因此，公共文化服务领域的科技与文化融合，必须以相关机构为主体，在各有侧重的情况下，形成人才培养服务的联动机制。

（1）教育机构以培养复合型人才为主

可从实际需求出发，从提高学生综合素养入手，激发学生的创新意识，培育一批既有实践经验又有理论知识的、能满足公共文化服务领域文化科技融合服务需求的创意人才。

（2）公共文化服务机构以营造文化科技融合成才环境为主

创新环境对公共文化服务的能力提升非常重要，其关键在于是否能激发公共文化服务人才的主观能动性。创新环境由硬环境和软环境两大类组成。就公共文化服务机构来说，硬环境主要是指包括薪酬在内的物质，而软环境则主要是指人文环境，员工在其中是否能快乐工作。只有硬环境与软环境相互渗透和融合，才能激励公共文化服务人才。

（3）完善公共文化服务领域促进文化科技融合的机制

一是通过完善公共文化服务领域文化科技融合的协同推进机制、创新财政对公共文化服务领域重大文化科技融合项目的投入机制，形成人才队伍建设的组织机制；二是通过建设新型文化科技研究机构、鼓励公共文化服务领域和科技领域相互渗透，形成人才队伍建设的社会机制；三是通过成立跨行业的非营利性的文化科技联盟等，形成人才队伍建设的操作机制。

（四）完善立体的公共文化服务体制外人才培养体系

在现有公共文化服务人才培养方式的基础上，整合教育培训资源，形成以各文化行业协会、市场专业培训机构等为主体的体制外人才培养体系，把文化与科技、文化与经济等有机地结合起来，创造出适合市场需求的各类公共文化服务人才。

（1）依托各种教育培训机构和标杆企业培育人才

依托各类学历培训机构、非学历培训机构，充分发挥上海市文广局培训中心资源整合优势，培养各类公共文化服务人才。在创意、设计、技术运用方面综合设置课程，并以创意为目的、以设计为手段、以实践为载体，整体提升所培养人才的核心竞争力。整合上海市文化产业相关教育力量，形成高层次、高水平的学术管理团队，广泛聘任海内外艺术院校的教授、专家及归国青年艺术家任教，同时聘请一批国际大师担任客座教授。

（2）加强行业培训

一是选择目前上海市公共文化服务业内较为知名而有发展潜力的中青年人才，到国内外发达地区进行交流学习或到知名企业对口实习，为期一月至半年。在与学员签订服务合同后，学费可由企业和政府共同承担；二是结合社会的力量，与大企业共同组织、承办公共文化讲座，聘请国际知名专家讲学，开阔员工视野，扩充员工知识；三是有针对性地组织从业人员进行经营策略、创新理念、业务知识、专业能力、行业前景的培训和提高。

（3）进行资格认定

对公共文化服务业中的技术人员进行资格认定，为从业人员在获得专业职称方面创造有利条件，也为科学评价和掌握行业人才状况奠定基础。

（五） 依托上海丰富的园区资源形成人才集聚载体

目前，上海市已有相应的文化产业园区，在园区内部层面提供公共文化服务，或者以园区为整体，对外实现公共文化服务，应以此为基础，进一步创建和完善文化产业园区，创设提供公共文化服务的物质环境。

（1） 基础建设与配套设施

园区建设或改造要符合行业要求，即具备实用性、舒适性、开放性、便捷性等特点；要能体现一定的文化底蕴，营造适当的艺术氛围；同时做好配套设施的规划和建设。

（2） 管理协调和配套服务

在园区内建立领导小组、专家顾问团队、物业管理公司等公共服务平台，能及时、周到地服务于园区各企业相关人才，提供必需的智力、物力保障。

（3） 注重行业布局

在企业引入上，注重行业分布合理，既要形成良性竞争的态势，又不能过分集中类似的文化产业，避免相互排挤。同时，还应考虑基本满足公共文化服务工作的综合需求，吸引相关服务单位进驻园区。

（六） 突出以市场体系优化人力资源配置的基础性作用

（1） 健全人才市场体系

加大对人才市场基础设施建设的投入力度，建设人才公共信息服务平台，实现与全国和其他城市的人才信息网络对接。打造特色人才市场，构建特色人才集散地。

（2） 推动人才中介服务的发展

加大人才中介服务机构培育力度，吸引规模大、档次高、有诚信、牵引力强的人才中介龙头企业。建立统一行业标准和规范，完善行业自律机制和诚信体系，强化行业自律和监管。

（七） 借力上海重点文化企业品牌优势吸引和集聚人才

（1）通过优势企业汇聚人才

重点关注和扶持在公共文化服务方面具有良好发展态势的企业，引导企业做大规模、做强实力，从而形成具有影响力和知名度的上海公共文化服务品牌。通过树立行业标杆，带动行业整体发展，汇集专业人才。

（2）通过多渠道宣传和包装人才

通过宣传，让公共文化服务人才的成就和贡献广为人知，使人才感受到政府的关心和社会的关注，感受到上海公共文化服务业带给他们的荣誉，感受到服务上海公共文化发展的成就感，从而不仅使这部分人才队伍更加稳固，也会因此吸引更多人才加入上海公共文化服务业中。

（八） 疏畅体制内与体制外人才双向交流的通道

体制内与体制外虽分属于两个不同的工作体制，公共文化服务人才在工作环境、工作内容、工作形式等方面都存在差异，但是，在人才队伍建设方面，却可以通过建立双向交流通道，形成有效的人才沟通与培养机制。

（1）建立双向挂职制度

体制内的公共文化服务人员到相关企业挂职，身处公共文化服务一线，体验来自市场的真实需求；体制外公共文化服务人才到相关政府部门挂职，将来自市场和企业的信息及时传递到各职能部门。

（2）形成项目带动的人才共享制度

以公共文化服务项目为依托，形成由体制内和体制外两方面人才构成的项目团队，通过项目工作的开展，使得双方有更多共同工作的机会，在项目活动中共同学习和提高，并充分发挥各方优势。

（3）增强体制内与体制外人才流动的灵活性

在人员编制、薪酬待遇等相关政策方面提供创新性便利，使得体制内与体制外人才的互通流动更为灵活，为人才的选择与持续成长提供更加广阔的空间。

附录1 调研问卷

上海市文广行业公共文化服务人力资源项目
调研问卷

尊敬的负责人：

您好！感谢您百忙中参与本次问卷调研！

本次调研的对象是为上海市文广行业提供公共文化产品与服务的重点单位，目的是了解该单位的人力资源现状，从而为上海市文广行业以及相关重点单位的发展提供决策参考。您的回答将直接影响调研结果与后续政策措施的制定，答题质量至关重要！

您的所有回答都将被严格保密，分析结果将是结论性质的报告，不会泄露任何个人信息。

非常感谢您的认真作答！

上海文广行业公共文化服务人力资源项目调研组

第一部分 公司基本信息

本部分主要了解被调研单位基本情况及从业人员构成信息。

单位名称：				
贵单位提供公共文化产品与服务的具体行业是_____（如动漫、出版、影视等）。				
贵单位所在区域：	区	成立时间： 年		现有员工： 人
贵单位是否加入了行业协会？□是□否 该协会名称是_____				
问卷填写责任人姓名：			联系电话：	

传真：	E-mail：

其中，贵单位从业人员基本信息统计如下：

各年龄段员工人数（人）				按学历划分的员工人数（人）		按职称划分的员工人数（人）			
						中级		高级	
30岁以下	30~40岁	40~50岁	50岁及以上	本科	研究生	总人数	已评定满3年	总人数	3年内退休

近3年员工能力提升情况（人）			员工岗位情况（人）			员工工作年限情况（人）			
引进人才	单位培养	个人进修	管理人员	专业技术人员	工勤技能人员	1年以下	1~3年	3~5年	5年以上

招聘的主要渠道（在对应方框内打√，可多选）						2014年需要员工人数（人）	2013年员工离职人数（人）	2013年员工平均培训时间（天）
现场招聘	校园招聘	网络招聘	传统媒体	员工推荐	内部选拔			

第二部分 文广行业公共文化服务人力资源供求情况

本部分主要是对被调研单位文化服务人才的使用、匹配与保留情况进行了解。

1. 目前贵单位员工情况是否能满足提供公共文化服务的实际需要？（ ）

A. 完全可以 B. 可以 C. 勉强可以 D. 较难满足

E. 完全不能满足

2. 如果现有员工难以满足上述需要，您认为主要问题是（可多选）：（ ）

A. 管理知识薄弱 B. 技术知识不扎实 C. 学习能力较低

D. 行业知识不足 E. 实践能力较差 F. 数量不足

3. 贵单位最需要哪类文化服务人才（可多选）？（ ）

A. 艺术表演人才 B. 创新（原创）人才 C. 营销宣传人才

D. 技能性人才 E. 项目运营人才 F. 其他（请注明）_____

4. 贵单位引进和留住高层次文化服务人才的关键因素是（可多选）：
（　　）

    A. 工资福利　　B. 绩效激励　　C. 培训与开发

    D. 工作环境　　E. 晋升通道和发展机会　　F. 其他

5. 贵单位曾参与或正在参与公共文化服务项目的关键人员有（名单如需增加可以附后）：

姓名	性别	年龄	职称	参与的项目	项目贡献	电话/邮箱

6. 贵单位虽未参与公共文化服务项目但具有潜在实力的重要人才有（名单如需增加可附后）：

姓名	性别	年龄	职称	特长	工作贡献	电话/邮箱

7. 贵单位在职称或职位中被破格晋升的人员有（名单如需增加可以附后）：

姓名	性别	年龄	现职称/职位	破格年份	工作贡献	电话/邮箱

第三部分　文广行业公共文化服务人力资源队伍建设情况

本部分主要是对被调研单位文化服务人才的工作环境、梯队建设及培训需求情况进行了解。

1. 贵单位目前在公共文化服务方面重点培养的人员有（名单如需增加可以附后）：

姓名	性别	年龄	现职称/职位	培养原因	培养方式	电话/邮箱

2. 不在贵单位编制中或已退休人员，但在贵单位公共文化服务活动中发挥重要作用的人才有（名单如需增加可以附后）：

姓名	性别	年龄	职称/职位	工作方式（志愿者/兼职/返聘等）	电话/邮箱

3. 贵单位管理岗位上的文化专业人才（即复合型人才）有（名单如需增加可以附后）：

姓名	性别	年龄	职称	职位	重要贡献	电话/邮箱

4. 贵单位获得过省部级及以上奖励或荣誉称号的人员有（名单如需增加可以附后）：

姓名	性别	年龄	职称/职位	奖励或荣誉名称	获奖时间	电话/邮箱

公共文化服务体制外人才队伍建设

姓名	性别	年龄	职称/职位	奖励或荣誉名称	获奖时间	电话/邮箱

问卷填写完毕

再次向您的认真作答表示衷心感谢!

问卷完成时间：2014 年　 月　 日

附录 2   访谈提纲

上海市文广行业公共文化服务人力资源项目
访谈提纲

一   公共文化服务项目总体情况

1. 请介绍贵单位近三年所从事的重要的公共文化服务项目情况。
2. 请描述文化服务人才在贵单位开展公共文化服务中的贡献。

二   公共文化服务项目中的人力资源情况

1. 贵单位在公共文化服务方面的牵头人或领军人物有哪些？
2. 贵单位如何得到上述人才？
3. 贵单位如何激励上述人才？
4. 贵单位在人才梯队建设方面有哪些比较有效的做法？
5. 贵单位在公共文化服务人才方面最大的问题或困难是什么？

三   公共文化服务项目工作展望

1. 未来三年贵单位在公共文化服务方面的规划是什么？
2. 在公共文化服务人力资源方面，贵单位对政府有哪些政策建议？

附录3 上海市文化创意产业发展三年行动计划（2016~2018）

上海市文化创意产业推进领导小组办公室
2016 年 3 月

文化创意产业是经济新常态下实现稳增长、调结构、促转型的重要抓手，是推动上海创新驱动发展、经济转型升级，提高经济发展质量效益的重要途径。为贯彻党的十八大，十八届三中、四中、五中全会精神，落实"大众创业、万众创新"、"互联网＋"行动、《中国制造 2025》、文化创意与相关产业融合发展等战略，进一步推动上海文化创意产业健康发展，推进国际文化大都市、设计之都、时尚之都、品牌之都建设，根据《上海市国民经济和社会发展第十三个五年规划纲要》、《上海市文化改革发展"十三五"规划》等，制定本行动计划。

一 总体要求

（一）指导思想

坚持创新、协调、绿色、开放、共享的发展理念，紧紧把握国家"一带一路"、长江经济带等战略，以中国（上海）自由贸易试验区和上海科技创新中心建设为契机，围绕上海基本建成"四个中心"和社会主义现代化国际大都市的总目标，按照"创新驱动发展、经济转型升级"

要求，以创新融合为发展主线，以供给侧结构性改革、市场消费需求和品牌建设为抓手，以知识产权保护利用和人力资源开发为保障，提升文化创意产业国际竞争力，进一步发挥文化创意产业在上海经济转型升级中的引领和带动作用。

（二）发展原则

1. 改革创新。以改革创新为核心促进文化创意产业体制机制、资本运作、商业模式等全面创新，激发市场和社会的活力，保障和维护市场公平竞争。

2. 融合发展。在制造业、服务业和战略性新兴产业中融入文化创意元素，促进文化创意产业跨产业、跨部门、跨区域渗透融合，推动文化创意设计与城市主导产业和功能深度融合发展，实现产业集群、城市功能协同提升。

3. 聚焦突破。聚焦重点产业，扶持时尚创意、工业设计等对传统产业带动性强的产业，提升媒体艺术、建筑设计、咨询服务等优势产业能级，培育壮大网络信息服务、新媒体等新兴产业；聚焦重点品牌，提高文化创意产业的原创能力，做大做强品牌和创新主体。

4. 开放合作。抓住上海自贸试验区开放机遇，充分利用联合国教科文组织"创意城市网络"的平台功能，对接高标准国际贸易投资规则，进一步提高创意设计市场开放度，加快发展文化创意服务贸易，推动文化创意产品、原创自主品牌"走出去"；积极形成国内跨区域的合作交流格局，促进产业和市场要素流动、集聚、辐射。

5. 人本发展。坚持文化创意产业发展与人的自身价值实现相结合，营造建设文化创意氛围浓厚、自然生态优美、生活便捷度高、自身价值易于实现的高品质创作、宜居环境，促进"大众创业、万众创新"，激发各类文化创意人才的创造活力。

（三）发展目标

形成结构更优化、特色更鲜明、布局更合理、优势更突出的文化创意产业集群，产业辐射带动效应更加强劲。产业增加值年均增速高于全市国内生产总值平均增速 2～3 个百分点，2018 年末占全市国内生产总值比重超过 12.6％，为"十三五"末占比超过 13.0％奠定坚实基础，支柱产业地位更加稳固。建成十余个国家级文化创意产业基地、百余个市级文化创意产业园区、千余个文化创意楼宇和众创空间互为补充的载体格局，培育 50 家国内外知名的文化创意企业和集团，构建 30 个专业实效的公共服务平台。形成具有重要影响力的创新、创意、创业中心，有力推动设计之都、时尚之都、品牌之都建设，有力推动联合国创意城市网络的重要节点城市建设，为上海基本建成社会主义现代化国际文化大都市提供强力支撑。

二 主要任务

围绕供给侧结构性改革、促进消费结构升级中心任务，依托上海区位、人才优势和产业基础，聚焦本市文化创意产业中的媒体、艺术、工业设计、建筑设计、时尚产业、网络信息、软件与计算机服务、咨询服务、广告与会展服务、休闲娱乐十大行业，进一步明确发展重点，开展分类引导，提升文化创意产业发展质量，服务相关产业转型升级。

（一）文化艺术类产业原创力激发行动

重点发展电影产业和演艺业。聚焦电影全产业链发展，提升上海电影在制片、发行、放映、后期制作的产业能级。以构建国际化电影生产大基地、大市场为目标，使上海形成电影企业集聚、产业链完整、具有国际影响力的电影产业重镇。加快推进环上大国际影视园区、上海影视文化产业园、车墩影视拍摄基地二期等重点项目建设。推动上影集团成为多片种繁荣、产业链强化、创作能力领先、市场竞争力领先、国际影响力领先的现代影业集团。大力扶持民营电影企业诞生和成长，扩大电影生产规模。加强对国有文艺院团的绩效考核，努力创作反映现当代生活的剧目和曲目，切实推动上海各类剧种演出繁荣发展。培育具有发展潜力的民营院团、民营演出公司与民间制作团队，鼓励民营演艺机构在体制、机制、融资方式、运营模式上进行探索创新。推进环人民广场剧场群、静安戏剧谷、徐汇滨江剧场群、长宁缤谷戏剧带、外滩源剧场群等建设，加快形成大型演艺集聚区。

提高主流媒体传播力、公信力、影响力和舆论的引导能力，完成解放日报、文汇报、新民晚报、上海广播电视台等传统主流媒体整体转型，优化采编流程，创新表达方式，拓展传播渠道，形成澎湃、上海观察、界面、看看新闻网和阿基米德等新媒体品牌产品。打造上海出版品牌，建立精品迭出、立体多样的出版传播体系，构建全媒体出版创新体系，巩固数字出版全国领先地位，提高上海出版在国内外的影响力。发挥世纪出版集团在上海出版领域的行业引领地位，大力培育阅文集团等民营企业。加大版权保护力度，加强国家版权贸易基地建设，盘活版权交易，营造良好的产业发展环境。发挥上海网络视听新媒体产业的既有优势，提升网络视听新媒体企业的创意创新、节目生产、制作和交易能力，推动喜马拉雅、蜻蜓等新兴网络媒体快速发展。以中国（上海）网络视听产业基地建设为抓手，争取 2 至 3 家全国性企业集团将核心业务落户上海，将上海打造成为中国网络视听内容产业的生产中心。

（二）创意设计类产业驱动力升级行动

按照《中国制造 2025》战略要求，在传统制造业、战略性新兴产业、现代服务业等重点领域开展创新设计示范，支持一批具有引领带动效应的设计与产业对接项目，充分发挥工业设计对产业转型升级的驱动能力。加强工业设计战略趋势研究及行业标准研究、制定与推广；加强信息化设计、过程集成设计、复杂过程和系统设计等共性关键技术研发；加强工业设计相关新材料、新技术、新工艺等的研究和应用；推动大数据支持、数字化技术、网络协同设计、3D 打印、虚拟现实、交互设计等技术在设计中的运用；开发具有自主知识产权的关键设计工具软件，逐步完善创新设计生态系统，提升服务设计、流程设计能力。推进中国工业设计研究院等重点项目建设，构建全系统数字化设计与制造实验室平台；加快发展快速成型、虚拟制造、逆向工程、检验检测等共享技术支撑平台和设计经纪、专利申请、展示展览、人才培养、产权交易等公共服务平台。推进国家级工业设计中心和市级设计创新示范企业建设，总量达到 60 家；培育指南、木马、龙域等一批专业化、竞争力强的工业设计企业和品牌，提升行业整体设计创新能力，促进高新技术成果的产业化应用。

围绕城市规划、建筑工程、室内装饰、工程勘察等重点设计领域，大力发展规划咨询、概念设计等产业链价值高端环节业务，借势国家"一带一路"战略实施，以及虹桥商务、临港工业等重点区域开发契机，加快大型国有建筑设计企业的改革创新，着力开拓国际国内高端建筑设计市场，培育具有国际知名度的建筑设计行业领军企业和领军人才。提升环同济建筑设计集聚区发展能级，积极扶持以创意设计为核心的中小建筑设计企业健康成长，努力打造一批优秀的建筑设计行业领军企业和领军人才。注重绿色、历史文化建筑保护等细分设计市场的拓展，鼓励建筑设计与文化艺术业等产业的跨界融合，激发创意设计活力，培育一批具有核心竞争力的"专、精、特、新"建筑设计企业、个人工作室、事务所和品牌，更好地服务全国城市化发展，大力拓展国际市场。推进国际室内建筑师/设计师团体联盟（IFI）亚洲总部落户上海，推进配套的设计中心和设计创意园项目建设，进一步提升上海建筑设计业的影响力和竞争力。

（三）时尚体验类产业吸引力增强行动

借助自贸试验区不断开放、"互联网＋"和"众创空间"等发展机遇，全面推进上海市人民政府与中国纺织工业联合会共建上海国际时尚之都合作协议落实，推进国家级时尚产业基地"中国纺织服装品牌创业园"，上海时尚之都促进中心，上海工艺美术设计服务平台等项目建设。探索推进上海市与中国轻工业联合会合作，促进上海时尚消费品产业新发展。加强传统经典文化与现代时尚元素的结合，聚焦服装服饰、美容化妆品、工艺美术、珠宝首饰、家具家居、智能穿戴、时尚数码消费品等领域，以时尚设计为引领，通过开放引进和本土原创培育，以信息化和智能制造为支撑，发展多样化的时尚产品、个性化订制和品牌体验，引领低碳、绿色、健康、智能、时尚的生活方式。推进具有中国文化和上海创意特点的国际"时尚之都"建设，支持和鼓励多元投资主体开展时尚地标、时尚人物、时尚品牌、时尚平台和时尚事件等要素资源的整合，推动时尚产业与相关产业全方位、深层次融合发展；面向市民提升生活品质的消费需求，以"海派时尚"特色吸引消费，形成具有影响力的国际时尚体验消费中心；优化提升时装周、服装节、艺术节、电影节等一批大型时尚相关活动；提升艺术衍生品设计水平，逐步构建完整的文化创意衍生品产业链；加快培育行业中介组织，建设行业公共服务平台。

紧紧抓住上海迪士尼乐园等重大项目建成契机，发挥品牌效应，以文化创意促进旅游休闲消费水平的创新提升。推进具有上海本土文化基因的旅游休闲消费业态发展，结合旅游体验，促进上海非物质文化遗产的生产性保护和文化资源的开发利用。提升上海文化创意产业园区、街区的旅游体验功能，推进文化创意旅游小（村）镇的布局和建设。以市场需求为导向，重点发展以传统中医文化为创意内容的健身养生产业，注重新产品、新模式、新技术的开发应用，形成带动体育产业、保健器材制造业、保健品生产业等的发展联动。

（四）网络信息类产业竞争力提升行动

加大面向云计算、大数据、移动互联网等新一代基础软件的研发及产业化的力度；加强云计算、大数据、物联网等新兴信息技术在创意创新中的融合应用，培养一批领先的行业应用解决方案提供商；加快文化创意设计服务的软件支撑，构建服务化、平台化的新型模式；支持形成基于安全可控基础软件、面向行业应用需求的软硬件一体化解决方案，向重点行业和领域拓展应用，打造生态产业链；支持基于物联网应用的产品质量监控及安全双向追溯系统的建设应用。进一步推动基础软件、行业应用软件、安全软件、信息服务外包等向高端发展，着力创建中国软件名城，加快建设以数字化、网络化、智能化为主要特征的智慧城市。

提升基于互联网的娱乐应用规模，重塑娱乐产业链，鼓励用户娱乐消费习惯的改变。创新平台服务，面向数字互动娱乐、网络视听、网络文学、网络出版、数字音乐等领域，推动建设海量内容加工处理平台、内容发布流通平台、实现高清播放的内容播控平台。丰富内容创作，促进发展 UGC、PGC 等内容创作模式，支持研发原创内容、移动内容、热点内容、高清内容等创新内容产品。建立涵盖产品创意、生产制作、内容传播、技术研发、基础电信服务等各环节的网络视听产业链，筹建上海视听新媒体行业协会。充分利用上海作为全国首个国产网络游戏属地管理试点的优势，使上海成为全国乃至国际网络游戏资源的集聚地，筹建上海游戏产业行业协会；建立客户端游戏、移动游戏、单机游戏等多层次市场模式；重点鼓励研发体现中国传统文化特色、具有自主知识产权的网络游戏，支持原创民族网络游戏产品出口。创新金融支付手段与渠道，完善移动支付产业链，推广便民金融服务，提升信息安全与信用保障。建设大规模智慧学习平台，提供互联网教育服务，实现优质教育资源的共享；推动互联网教育内容提供商大力开展教育内容产品开发，支持内容创新。

（五）咨询广告类产业影响力扩大行动

以广告创意策划为核心，发展广告延伸服务，实现广告产业链上、中、下游高度聚集，打通产业链关键环节，推动广告全产业的良性循环和发展。拓展培育基于移动媒体、数字视频、互联与移动互联为传播技术的新型广告媒介和新型广告发布平台。提升广告服务水平和价值，促进新型广告技术的应用。搭建国际交流平台，依托行业协会推动多渠道多层次合作。促进校企合作联动，关注复合型广告人才的培养。提升会展设计在专业会议、展览会、博览会和展示厅馆、重要节日和大型赛事活动等方面的创意策划能力和综合服务水平。结合上海智慧城市建设，加强会展设计的信息化技术应用，逐步完善包括会展视频统计系统、会展手机支付系统、会展场馆定位讲解系统等信息化服务手段，全面提升会展服务的信息化水平。依托国家会展中心等重点会展设施，通过创意设计进一步提升展览展示水平，打造世界一流的国际会展之都。

加强智库建设和专业化咨询服务，认真落实《关于加强中国特色新型智库建设的意见》精神，不断推进上海新型智库建设，搭建智库思想创造、智库优秀成果传播、高端智库人才聚合和智库研究与决策需求对接的平台，推动上海智库服务能力整体提升。根据企业规模、目标市场、专业领域、发展方式，促进不同领域、不同层级的咨询机构发展，实现专业化分工。配合政府职能转变，重视政府及社会管理机构的咨询，进一步加强商务咨询、科技咨询、社会科学咨询的建设。充分利用上海信息优势，发展数据挖掘、大数据分析，将信息技术与咨询服务相融合，提供基于互联网的高水平咨询与服务。

三　重点举措

（一）推进文化创意产业与科技融合发展

围绕上海建设具有全球影响力的科技创新中心要求，建立健全文化创意与科技创新协同发展的工作机制，加强文化生产、传播、展现、消费等环节的技术攻关力度，加大市级重点文化工程的科技支撑强度，推进张江国家文化科技融合示范基地等集聚区的建设，促进文化创意与科技创新深度融合。推进数字家庭与超高清电视关键技术研发与应用，建成国内首个4K超高清电视广播级试验播出网，推动中国标准参与全球下一代广播电视标准竞争。加快三网融合步伐，支持杨浦全国 NGB－W 示范区和技术实验室等平台建设，促进传统媒体与新媒体融合发展。把握虚拟现实（VR）与增强现实（AR）产业发展机遇，提升计算机视觉与图形学、传感器、网络通信、新型显示、人机交互等领域的核心算法和技术水平，支持研发具有自主知识产权的软硬件产品与内容制作平台，推进虚拟现实技术与电影、电视、游戏、设计、医疗等产业领域的有机融合，培育在国内具有影响力的虚拟现实特色产业园区，加快打造产业生态圈。大力发掘文创产业大数据应用价值，形成满足政府需要、符合产业需求的数据决策、监管、评估系统。鼓励企业用好高新技术企业认定、研发费用加计扣除等政策，建立健全"孵化＋创投"的创新培育体系，营造文化创意与科技创新融合发展的良好环境。

（二）推进文化创意产业与制造融合发展

充分发挥文化创意促进制造业新产业、新业态、新技术、新模式发展的作用，推动传统制造向"智能型制造、服务型制造"方向发展，促进制造业供给侧结构性改革。聚焦战略性新兴产业和高端装备制造业，围绕新能源汽车、大飞机、航空发动机及燃气轮机、高技术船舶和海洋工程装备、轨道交通装备、智能电网成套装备、工程机械、印刷机械、数控机床、医疗器械等领域，提升总体设计、系统集成、试验验证、应用转化能力，加强产品和关键性零部件的外观、材料、结构、功能和系统设计。推进上汽集团自主品牌汽车设计研发中心二期、上海电气F级重型燃气轮机设计研制等项目建设。促进消费品产业顺应市场需求和现代生活方式，融入传统文化和现代时尚元素，重点在工艺美术、智能家居、服装服饰、智能穿戴、包装印刷及养老用品和服务等领域，强化创意设计在产品创新、品牌建设、营销策划和质量管理等方面的作用，提高产品附加值，提升产业竞争力。加快推进国际高科技文化装备产业集聚区建设，形成具有上海特色的文化装备品牌。加快各领域数字化、信息化进程，推进协同设计信息化平台建设，实现企业内或上下游企业间研发设计与生产制造、销售管理等环节的综合集成。

（三）推进文化创意产业与金融融合发展

发挥文化金融合作联席会议制度的统筹协调作用，完善文化金融合作机制，拓展文化金融合作渠道，优化文化金融合作环境，促进文化创意产业和金融业全面对接。鼓励和培育文化创意企业在主板、中小板、创业板、新三板等多渠道上市。发挥市级文化创投风险引导基金的撬动作用，鼓励有条件的区县设立区县级文化创投风险引导基金，吸引更多的社会资本参与本市文化创意类企业的早期风险投资。鼓励私募股权投资、创业投资等各类投资机构投资文化创意和设计服务领域。鼓励金融机构建立专门服务文化产业的专营机构、特色支行和文化金融专业服务团队，提高文化金融服务专业水平。发展文化小额贷款公司，拓宽中小微文化创意企业的融资渠道和模式。推动徐汇、虹口等区（县）率先创建国家文化金融合作试验区，在试验区内推动体制机制和产品创新试点，集聚一批专业化文化金融服务机构。发挥上海市创意（设计）产业投融资基金联盟作用，整合相关资源，形成包括银行、担保机构、投资基金、众筹众包等多源的投融资体系。

（四）推进文化创意产业与贸易融合发展

依托上海自贸区建设，推进文化市场扩大开放，鼓励中华文化和原创文化创意类产品走出去，力争在"一带一路"国家战略中发挥更大的作用。通过政策引导、资金扶持等方式，鼓励各类文化创意类行业协会、龙头企业等参加海外重点展会、开拓海外市场和渠道，支持优秀的文化创意产品和服务走向国际主流市场，支持外向型文化创意类企业通过新设、收购、合作等方式对外投资，在境外收购文化企业、演出剧场和文化项目实体，在境外设立演艺经纪公司、艺术品经营机构、文化经营机构等。加强国家对外文化贸易基地建设，培育和认定一批在文化贸易领域具有代表性和引领性、具有一定出口规模、出口潜力较大的对外文化贸易示范基地和交易平台。做好广播影视节目（作品）的制作和发行等文化服务出口使用增值税零退税的退（免）税工作；通过提升语言服务的专业化、市场化和标准化来带动本地文化创意产品和服务的国际化水平。

（五）推进文化创意与城市宜居相关产业融合发展

推进文化创意与旅游、体育、都市农业等融合发展，提升上海城市形象的国际影响力和美誉度。依托全市各类文化创意资源，加强文化体验与旅游消费结合互动，发展文化时尚旅游、都市风情旅游、工业旅游、红色旅游等，提升传统旅游路线的文化创意内涵。加强旅游纪念品开发的文化创意内涵，发展收藏鉴赏、品茗阅读、花鸟养趣、饮食养生、运动健身等领域。挖掘上海城市体育文化元素，打造以赛事策划、体育出版、体育影视、体育传播、电子竞技和体育文化演出为主要内容的体育产业集群。办好上海 ATP1000 网球大师赛、F1 中国大奖赛、国际田联钻石联赛、上海国际马拉松赛等重大赛事，培育、引进一批国际水平的体育项目和赛事品牌。围绕农业生产过程、农民劳动生活和农村风情风貌，打造集农业观光、体验、科教及文化传承于一体的农业旅游集聚区。推进农产品地理标志商标的注册和推广，发展农产品电子商务、追溯体系，促进产销对接和产业升级。

优化人居环境质量，突出地域特色，完善优化功能，提升文化品位。加强城市规划、景观风貌规划、建筑和室内装饰设计，提高园林绿化、城市公共艺术的设计质量，建设功能完善、布局合理、形象鲜明的特色文化城市。强化城乡统筹发展，推进新型城镇化、特色产业小镇和美丽乡村建设。加强对历史文化名镇（村）、文物保护单位、传统村落和历史建筑的保护，加大历史文化风貌区保留保护力度，推进旧区成片保护改造试点。推进技术传承创新，发展绿色节能建筑，鼓励装饰设计创新，引领装饰产品和材料升级。

（六）推进文化创意领域大众创业、万众创新

推进开放型众创空间建设，推进文化创意领域大众创业、万众创新。依托全市文化创意产业园区、商务楼宇、高校院所等资源，着力打造线上线下联动的低成本、便利化、全要素、开放式的众创空间。出台推进文化创意领域众创空间发展的相关政策，重点培育一批富有活力的创新型企业；支持文化创意领域众创空间发展的平台和通道建设，引导各类众创空间为创新创业主体提供创业辅导、法律、财务、人力、投融资、知识产权、品牌建设、研发测试等专业服务；支持有条件、有经验的市场主体推出以文化创意和设计服务为特色的创新创业大赛和奖项；推进众创空间创新创业成果的产业化，营造创新主体、创新要素、创新人才充满活力的众创环境。

围绕"产业联盟+产业基地+产业基金+产业人才基地"模式，激发企业创新活力。推动上海文化创意企业跨地区、跨行业、跨所有制兼并重组；促进小微文化创意企业向"专、精、特、新"方向发展，形成核心技术和自主知识产权；鼓励微创新、草根创新、共享式创新，促进创新创意企业快速成长；支持科研院校师生创业，鼓励社群型文化创意小微团队发展。创新产业推进和企业扶持方式，通过投资基金、引导基金、众筹众包等方式对文化创意企业予以支持；支持行业协会发挥行业组织、服务、自律和协调功能。依托上海智慧城市建设，适应移动互联网时代的文化创意产业发展需求，运用虚拟现实、数据挖掘、模型分析等新一代信息技术，提高文化创意产业信息化水平。对接"互联网+"

行动计划，围绕"物联网"深耕细作，聚焦高速网络、智能终端、应用软件、共享平台、M2M和频谱经济等方向，引导文化创意企业加大创新力度，构建分工明确、有序竞争、协同发展的智慧型文化创意产业创新创业生态。

（七）推进文化创意产业多层次品牌体系建设

把握上海加入联合国创意城市网络契机，塑造"创意上海"城市大品牌，通过文化创意产业领域品牌园区、品牌地标、品牌企业、品牌活动、品牌产品、品牌人物等的打造，充实"创意上海"品牌内涵，展示上海全球创意城市的国际形象。对接上海城市功能区域建设，塑造文化创意产业领域张江、世博、迪士尼、临港、虹桥等区域品牌；依托"江南智造"、中国（上海）网络视听产业基地等国家级产业集群品牌的建设，发挥品牌辐射力和带动力。实施品牌价值提升工程，鼓励企业制定实施品牌发展战略，继承发扬海派文化内涵，打造一批形象优质的文化创意企业和产品品牌。依托金融等各类要素服务，形成市场化的文化创意产业品牌价值发现、交易机制，促进上海"品牌之都"建设。

推进文化创意产业园区实施品牌化、特色化和连锁化发展战略，促进园区发展提质增效。推动形成主题突出、特色鲜明的文化创意产业品牌园区；推动园区品牌输出，鼓励连锁化发展，形成示范效应和规模效应，发挥其服务全国的功能；推动环高校和科研机构的原生态文化创意产业集聚区的集群化发展，形成与创意城市相适应的创意集群；推动街区、社区和园区融合发展，倡导园区节能环保、绿色发展理念，形成产城融合发展新模式。重视以先进信息技术为支撑的、产业发展相关的网络平台建设和虚拟空间打造，推进品牌园区"飞地式"空间、专业化虚拟空间、要素集聚的网络空间等三类平台型虚拟空间建设，促进园区物理载体与网络平台良性互动，探索文化创意产业园区发展新模式。

（八）推进文化创意产业公共服务平台建设

推动市级服务平台类项目建设，鼓励平台专业化发展，发挥平台的资源整合和服务能级，吸引更多细分领域文创企业利用平台，降低产品开发和市场拓展成本，促进文创企业发展。聚焦影视业、艺术品市场、时尚产业、品牌建设、工艺美术品等具有良好市场前景的文化创意细分领域，建成 10 - 15 个集创意创新、商贸、教育、会展等功能于一体的整合服务平台，推进上海影视金融交易中心、世界手工艺产业博览园、上海工美艺术品交易中心等平台建设。提升现有文化创意产业公共服务平台功能，打破部门分割，围绕产业发展需求，通过主动协同创新，部署研发、生产、技术、咨询、交易、展示、评估、流通、服务等各类要素平台建设，在上海经济体系大循环中发挥产业发展的引领功能。发挥文化产权交易所、国家文化贸易基地、国家版权服务基地、中国工业设计研究院等国家级平台的专业化功能，着力提升平台的社会化服务水平和适应市场发展的能力。

（九）推进文化创意产业国内外合作交流

主动服务国家"一带一路"，长江经济带等发展战略，实现上海文化创意产业跨区域大循环。发挥上海创意设计、咨询服务、广告会展等优势产业的溢出功能，服务长三角，辐射全国。发挥上海工业设计优势，重点推进"设计立县"服务项目；发挥上海智库优势，进一步加强商务咨询、科技咨询、社会科学咨询服务功能；发挥上海信息化优势，提供网络信息技术服务。开展国际文化创意产业交流合作，提高中国上海国际艺术节、上海国际电影节、上海电视节、上海国际音乐节等重大文化活动办节水平，吸引更多国内外优秀作品参展。办好上海双创活动周、上海设计之都活动周、国际跨媒体技术装备暨 NAB SHOW 全球展、上海书展、上海艺术博览会、中国国际数码互动娱乐展览会、中国国际动漫游戏博览会、上海国际时装周、上海国际室内设计节等重大文创展览展示活动，展示各领域前沿发展成果，促进产业互动交流与合作对接，激发产业活力。进一步推进上海设计走出去计划，加强与伦敦设计节、法兰克福消费品展、爱丁堡艺术节、纽约时装周、纽约设计节等联动，开展"上海－纽约"创意设计对话活动，深化"上海·佛罗伦萨——中意设计交流中心"佛罗伦萨基地和上海基地建设。

（十）推进"十、百、千"产业载体建设工程

顺应城市规划空间调整战略，坚持市区联手、区域联动，着力文创产业载体的众创功能建设和公共服务、品牌内涵提升，实施"十、百、千"产业载体建设工程，即建设国家对外文化贸易基地、中国工业设计研究院等十余个国家级文化创意产业基地，上海张江文化创意产业园区、8号桥等百余个市级文化创意产业园区，上海国际时尚创意楼宇、方糖小镇等千余个文化创意楼宇和众创空间，构建基地、园区、楼宇、众创空间等互为补充的产业载体布局，提升文创产业集聚发展效应，形成"一轴、一带、两河、多圈"产城融合发展新态势。

拓展"一轴"功能，西起朱家角、虹桥商务区，东经浦东金桥、张江，延伸至国际旅游度假区，进一步完善横贯上海东西向轴线上的城市文化设施、创意产业园区布局，重点打造大虹桥会展产业园区、虹桥时尚创意产业集聚区、江宁路文化街、环人民广场剧院集聚区、国家数字出版基地、上海迪士尼国际度假区等产业集群。形成"一带"新经济圈，抓住"中环"和"外环"附近工业用地"退二进三"和"外环沿线区域生态经济圈"建设契机，把握老厂房、老大楼、老仓库等遗留建筑相对集中特点，推进金领之都、创智天地、长江软件园、环上大国际影视园区、越界创意园等园区建设，呈现产城融合新亮点。丰富"两河"内涵，在沿黄浦江和沿苏州河文化创意集聚带基础上，推进中国（上海）网络视听产业基地、西岸传媒港、世博城市最佳实践区、杨浦滨江文创产业带、普陀长风文化生态园等园区建设，深化时尚休闲、文化展示、创意设计、娱乐观光等功能。深化"多圈"层级，结合城市商业副中心和特色小镇、文化旅游区域建设，形成文化创意产业"多圈"集聚，发挥国家音乐产业基地、环同济设计创意产业集聚区、国家绿色创意印刷示范园区、复旦软件园、中广国际广告创意产业园等园区的产业集聚效应。

四　保障措施

（一）加强组织领导和推进机制

进一步发挥市文化创意产业推进领导小组领导统筹作用，充分发挥

各成员单位职能，加强本市文化创意产业发展的规划、计划的实施、政策创新、公共平台建设和重大项目推进等工作，进一步提高文化创意产业财政扶持力度。

进一步优化市区两级统筹兼顾、职责明晰的工作机制，发挥各区县主战场作用。引导各区县紧密结合区域经济发展特色，出台促进文化创意产业发展的规划、计划、财政扶持政策、园区管理办法等，深化载体和重大项目建设，开展各具特色的文创活动，积极打造区域特色文化创意产业。充分发挥好文化创意产业领域相关行业协会、产业联盟、社会团体、文创园区在整合行业资源、协调行业利益、加强行业自律等方面的重要作用，共同促进文化创意产业的健康快速发展。

（二）加大政策落实和创新力度

贯彻落实国家和上海市促进文创产业发展的各项政策意见。根据文化创意产业特征，加强政策调研，制定完善有利于文化创意产业发展的专项政策。落实文化创意领域税收优惠、高新技术企业认定、项目用地、对外贸易、人才引进等方面的优惠政策。加强政策的解读和宣传推广，加强政策执行过程中的统筹协调。

加大市、区两级文创产业扶持资金投入力度，进一步发挥文创资金杠杆撬动作用，聚焦文化创意产业重大、关键和基础性项目，注重支持产业创新模式的发掘，鼓励跨界融合发展，扶持企业的技术创新和模式创新，打通科技成果转化的最后一公里，注重对民营和小微企业倾斜扶持，支持创新创业，推动民营经济释放活力。

（三）加强产业人才队伍建设

强化服务导向，营造有利于文化创意产业创新型人才健康成长、脱颖而出的制度环境。积极推进产学研用合作机制，探索学历教育与职业培训并举、文化创意与经营管理结合的人才培养新模式，加快培养高层次、复合型人才。扶持相关行业协会、文创园区、龙头企业、高校及科研机构共同建立文化创意设计人才培养基地。加大核心人才、重点领域专门人才、高技能人才和国际化人才的培养和扶持力度，积极用好各类引才引智政策，造就一批领军人才。

推进世界手工艺教育联盟落户上海，推进文创产业领域大师工作室建设，开展上海市工艺美术大师、青年高端创意人才、优秀女设计师、上海文化企业十强十佳、上海文化创业年度人物等评定推选工作，在各类大赛、评比、展示中发掘人才。按照国家有关规定落实国有企业、院所转制企业、职业院校、普通本科高校和科研院所创办企业的股权激励政策，鼓励文创企业高端人才参加职业技能鉴定和职称评定。

（四）优化产业发展市场环境

营造公平、开放、透明的市场环境，加强政府服务创新，增强市场主体创新动力，发挥市场配置资源的决定性作用。开展国有龙头文化创意企业创新转型试点，探索政府支持企业技术创新、管理创新、商业模式创新的新机制；完善中小企业创新服务体系，打破制约创新的行业垄断和市场分割。加强对本市文化创意产业发展动态与成果、人才、企业等方面的积极宣传，提高社会对文化创意产业的关注度，营造良好发展氛围。

实行严格的知识产权保护制度，完善知识产权保护相关法律，研究降低侵权行为追究刑事责任门槛，调整损害赔偿标准，探索实施惩罚性赔偿制度。研究商业模式等新形态创新成果的知识产权保护办法，将专利、版权等侵权行为信息纳入市公共信用信息服务平台，提高版权保护对文化创意产业发展的保障作用。

参考文献

曹宏、刁艳飞，2016，《文化创意产业视野中我国艺术人才培养的问题与对策》，《山东社会科学》第 3 期。

陈要立，2011，《基于胜任力模型的文化创意产业人才培养模式研究》，《经济问题探索》第 8 期。

陈友芬，2013，《新农村文化人才队伍建设现状、问题及对策——以湖南省湘潭县为例》，硕士学位论文，湘潭大学公共管理学院公共管理专业。

戴建敏等，2015，《"十三五"时期上海文化发展的趋势及需求分析》，http://www.doc88.com/p－6909779601409.html，最后访问日期：2017 年 6 月 11 日。

邓荣贵，2014，《三明生态工贸区人才公共服务体系建设研究》，硕士学位论文，福建农林大学公共管理学院人力资源管理专业。

邓若伊、余梦珑，2017，《复合影视传媒人才培养的新模式》，《新闻与写作》第 1 期。

高新、屠志芬，2012，《多个艺术学科支撑"产学研用"结合 培养社会急需动漫人才的研究与实践》，《中国大学教学》第 8 期。

郭炜、郭勇，2016，《新常态下的动漫文化消费与动漫产业发展》，《学术交流》第 4 期。

韩旭，2015，《艺术设计教育理念与文化产业需求意向的对接》，《天津大学学报》（社会科学版）第 1 期。

胡本春，2014，《试论基层公共文化人才队伍的有益补充——以 A 省 M 市文化志愿者队伍建设为个案》，《长春大学学报》第 3 期。

胡艳蕾、陈通、高海虹，2016，《我国政府购买公共文化服务的"非合同制"治理》，《中国行政管理》第 1 期。

黄琼，2013，《基于人本理论的政府公共人才管理机制研究》，硕士学位论文，浙江工业大学机械工程学院工业工程专业。

黄志坚，2013，《动漫人才全面报酬、敬业度和绩效之间的作用关系》，《科技管理研究》第 4 期。

焦德武、陈琳，2010，《财政支持公共文化服务体系建设研究——以安徽省为例》，《浙江师范大学学报》（社会科学版）第 9 期。

蒯大申，2007，《重构公共文化服务制度基础——上海公共文化服务体系建设观察》，载章建刚等主编《中国公共文化服务发展报告（2007）》，社会科学文献出版社。

李兵园、唐鸣，2016，《村民参与公共文化服务供给：角色、空间与路径》，《社会科学家》第 5 期。

李津，2007，《创意产业人才素质要求与胜任力研究》，《科学学与科学技术管理》第 8 期。

李望秀、李华新、李丽华，2016，《"互联网＋"背景下创新创业型影视传媒人才培养探析》，《创新与创业教育》第 3 期。

李伟，2012，《借鉴、传承与发展——北京电影学院与美国综合大学影视制作专业的实践教学比较》，《北京电影学院学报》第 3 期。

梁贤军、周国强、马仁锋，2015，《中国文化创意产业研究热点与趋势分析》，《科技与管理》第 2 期。

林凡军，2014，《山东省公共文化服务人才结构优化研究》，《山东社会科学》第 11 期。

林万久，2014，《新媒体时代体育传播人才培养研究》，《体育文化导刊》第 10 期。

卢斌、牛兴侦、郑玉明，2016，《中国动漫产业发展报告（2016）》，社会科学文献出版社。

卢斌、郑玉明、牛兴侦，2014，《中国动漫产业发展报告（2014）》，社会科学文献出版社。

吕洋，2015，《文化创意产业视域下的上海艺术设计高端人才培养》，《宁波大学学报》（教育科学版）第 3 期。

罗颖，2015，《影视后期制作行业人才需求调研报告》，《现代职业教育》第 12 期。

毛琦，2015，《高校影视传媒人才培养的模拟教学实践研究》，《教育教学论坛》第 25 期。

毛溪，2013，《人才：上海构建国际文化大都市的瓶颈——上海文化创意产业人才的现状和危机分析》，《中国文化产业评论》第 2 期。

孟威，2015，《克拉玛依市公共文化服务人才队伍建设存在问题及对策分析》，《中共乌鲁木齐市委党校学报》第 3 期。

苗美娟、刘兹恒，2016，《近五年我国公共文化服务研究综述》，《图书馆论坛》第 2 期。

潘陆益，2017，《美国高校培养文化创意产业人才的经验及启示》，《高教学刊》第 1 期。

潘泽泉、卞冬梅，2008，《我国农村社区公共文化的缺失与重建》，《郑州航空工业管理学院学报》第 8 期。

彭广林，2015，《新媒体专业人才培养改革路径》，《中国出版》第 16 期。

曲江滨、刘伟，2008，《我国动漫产业发展的人才瓶颈及突破对策分析》，《河北大学学报》（哲学社会科学版）第 5 期。

荣跃明、郑崇选，2015，《"十三五"时期上海文化发展的总体思路》，http://www.doc88.com/p－9465205737390.html，最后访问日期：2017 年 6 月 11 日。

石德生，2014，《中国动漫产业发展模式与路径创新探析》，《现代经济探讨》第 9 期。

舒雯，2013，《公共文化服务保障机制建设研究——以宁波市鄞州区为例》，硕士学位论文，浙江大学公共管理学院公共管理专业。

唐芸轩，2014，《基于人本理念的公共部门人力资源管理创新研究》，硕士学位论文，湖南大学法学院行政管理专业。

王斌，2014，《上海市文化创意产业 2013 年工作总结和 2014 年工作要点》，http://shcci.eastday.com/c/20140410/u1a8024904.html，最后访问日期：

2017 年 8 月 9 日。

王伟杰、纪东东，2013，《农民主体性视角下的农村公共文化产品供给研
　　究——基于河南省七个村落的问卷调查》，《中州学刊》第 12 期。

王霞霞，2008，《关于我国文化产业人才的培养问题》，《新疆艺术学院学
　　报》第 8 期。

王宇翔，2016，《文化创意产业背景下动画人才培养模式的思考》，《美术
　　教育研究》第 1 期。

王志成、谢佩洪、陈继祥，2007，《城市发展创意产业的影响因素分析及
　　实证研究》，《中国工业经济》第 8 期。

夏敏、甄巍、高薇华、李剑平，2016，《动漫高端人才联合培养的探索与
　　实践》，《中国大学教学》第 12 期。

徐炬磊，2014，《地方本科高校人才队伍建设面临的挑战与路径选择——
　　以浙江为例》，硕士学位论文，宁波大学法学院公共管理专业。

徐耀东、邵晓峰，2015，《创意人才培养是文化创意产业的关键——以高
　　校艺术设计教育为例》，《福建论坛》（人文社会科学版）第 6 期。

严三九，2009，《上海市网络视听专业人才情况调查》，《华东师范大学学
　　报》（哲学社会科学版）第 6 期。

严三九、王虎，2008，《上海市新媒体专业人才培养情况调查》，《华东师
　　范大学学报》（哲学社会科学版）第 6 期。

颜玉凡、叶南客，2016，《城市社区居民公共文化服务弱参与场域的结构
　　性因素》，《南京师大学报》（社会科学版）第 2 期。

燕道成，2013，《新媒体与信息网络专业人才培养的策略创新》，《湖南师
　　范大学社会科学学报》第 5 期。

叶晓倩，2010，《人才公共服务：政府职能及其政策选择》，《管理世界》
　　第 8 期。

余红、李婷，2014，《我国网络与新媒体人才需求调研与专业培养》，《现
　　代传播：中国传媒大学学报》第 2 期。

袁界平、张圆圆，2009，《我国创意人才匮乏现状、原因解析及对策思
　　考》，《科技管理研究》第 5 期。

张蔷，2013，《中国城市文化创意产业现状、布局及发展对策》，《地理科

学进展》第 8 期。

赵曙明、李程骅，2006，《创意人才培养战略研究》，《南京大学学报》
（哲学·人文科学·社会科学）第 6 期。

周鸿雁，2016，《我国公共文化服务供给侧存在的问题及对策——从公众
评价的视角》，《华中科技大学学报》（社会科学版）第 6 期。

周笑、黄泽蓉，2014，《上海新媒体产业发展现状与战略规划》，《新闻大
学》第 4 期。

朱光好，2012，《大学使命与文化创新——高校服务文化创意产业研究》，
中国纺织出版社。

《2016 年中国动漫产业市场现状及发展趋势分析》，2016 年 12 月 1 日，
http：//comic. sina. com. cn/guonei/2016 - 12 - 01/doc - ifxyiayr86997
53. shtml，最后访问日期：2017 年 6 月 11 日。

张晓明、齐永峰，2013，《中国文化事业单位改革研究》，https：//wenku.
baidu. com/view/3237372a0912a21614792962. html，最后访问日期：2017
年 6 月 12 日。

Arrowsmith, J. & Sisson, K. 2002. "Decentralization in the Public Sector：
The Case of the U. K. National Health Service. " *Industrial Relations*, 57
（2）：354 - 380.

Carter, A., Hirsh, W. & Aston, J. 2002. *Resourcing the Training and Devel-
opment Function*. Brighton：IES.

Criado, C. A., & Kraeplin, C. 2005. "The State of Convergence Journalism：
United States Media and University Study. " In Association for Education in
Journalism & Mass Communication Convention.

Bertacchini Enrico, Nogare Dalle Chiara. 2014. "Public Pro-vision vs. Out-
sourcing of Cultural Services：Evidence from Italian Cities. " *European
Journal of Political Economy*35.

Andersson Fredrik, Freedman Matthew, Haltiwanger John, Lane Julia, Shaw
L. Kathryn. 2006. "Reaching for the Stars：Who Pays for Talent in Inno-
vative Industries？" *NBER Working Paper No.* 12435，August 2006

Gibb, S. 2003. "Line Manager Involvement in Learning and Development：

Small Beer or Big Deal?" *Employee Relations* 25 (3): 281 – 293.

Hays, S. W. & Kearney, R. C. 2001. "Anticipated Changes in Human Resource Management: Views from the Field." *Public Administration Review* 61 (5): 585 – 597.

Lewis, G. B. 1988. "Progress Toward Racial and Sexual Equality in the Federal Civil Service?" *Public Administration Review* 48 (3): 700 – 707.

Lowrey, W., Daniels, G. L., & Becker, L. B. 2005. "Predictors of Convergence Curricula in Journalism and Mass Communication Programs." *Journalism & Mass Communication Educator* 60 (1): 32 – 46.

Richbell, S. 2001. "Trends and Emerging Values in Human Resource Management: The UK Scene." *International Journal of Manpower* 22 (3): 261 – 268.

Yusuf Shahid and Nabeshima Kaoru. 2006. *Postindustrial East Asian Cities: Innovation for Growth*. Washington DC: Standford Economics and Finance.

公
共
文
化
服
务
体
制
外
人
才
队
伍
建
设

后　记

　　本书完成之际，上海的公共文化服务已经进入大数据时代。2016 年 3 月，"文化上海云"作为全国第一个实现省级区域全覆盖的"互联网＋"公共文化平台正式上线。运行期间，该平台平均每月为市民推送 1 万场活动信息，每月访问量达 1500 万人次，平台活跃用户量达到近 100 万人次，上海公共文化服务大数据基本形成。更重要的是，依托于"文化上海云"的有效运转，所产生的大数据开始广泛应用于文化管理部门和相关文化机构，并极大地推动上海公共文化服务提档升级。同时，这也意味着，上海公共文化服务领域对于人才的需求更加迫切，因此，对于庞大而重要的体制外人才队伍的建设要在深入了解其现状和趋势的基础上，把握人才供求的总体情况。

　　本书的内容是针对上海公共文化服务领域重点行业进行的持续性调研，以期对各行业中的体制外人才队伍建设情况进行系统和全面的了解。调研任务的完成得益于上海市文化广播影视管理局人才培训交流中心的大力支持，因此，特别感谢中心主任殷瑛女士，以及在调研过程中给予全程协作支持的主任助理马瑶。在培训中心殷瑛主任的邀请下，上海市文广局公共文化处处长符湘林、上海市文广局组织人事处处长袁长坤、上海市普陀区文化局局长范文翔、上海市志愿者协会秘书长闫加伟、上海市组织部信息处朱磊等作为业界专家对项目开展提供了必要的指导，提出了许多宝贵意见。同时，在项目进程中，华东政法大学的李丹副教授，硕士研究生王斌、段晓影、邓弘慜等多次参与了对文化产业园区和相关重点文化企业的实地调研与访谈活动。

调研和访谈是本项目获取资料的重要方式，在此要特别感谢为调研活动提供便利的相关单位及其负责人，他们是上海长远集团经办副主任罗西亚，国家网络视听产业基地、上海紫竹数字创意港有限公司副总经理陈鼎，国家对外文化贸易基地（上海）、上海东方汇文国际文化服务贸易有限公司总经理任义彪，桃浦文化创意产业园、上海天玉创意发展有限公司总经理周烨，上海多媒体谷、上海欧亚多媒体产业发展有限公司部门主管章秀娟，上海城市动漫出版传媒有限公司总编辑助理冯赟，上海苏河文化创意中心副所长姜怡，上海皆悦文化影视传媒有限公司副总经理盛优芬，上海华侨城投资发展有限公司（欢乐谷）艺术总监张继斌，上海淘米网络科技有限公司公共关系部总监陈茜。此外，还要感谢参加项目座谈的相关单位及其负责人，他们是盛大游戏人力资源部经理朱芳芳，国家音乐产业基地、上海新汇文化娱乐有限公司总经理顾勤，上海宝山科技园副部长助理杨莹，上海明珠文化创意产业园经理张楠，中国出版蓝桥创意产业园、上海中国文化创意产业管理投资有限公司招商主管郑彦菁，上海慈文影视传播有限公司行政人事总监罗士民，上海红坊文化发展有限公司营运总监倪丽琴，上海冠勇信息科技有限公司版权合作经理吴敏，上海御窑艺术品有限公司副总经理徐春花和上海青浦工业园区商务经理郝芙蓉。

在调研和访谈的过程中，我们常常被公共文化服务领域默默奉献的专业人士和相关从业人员的精神所感动，他们有着对行业环境中现有困境的忧虑，但仍然对工作怀着满腔的热情。在他们身上，我们看到了上海公共文化服务体系建设和服务水平提升的希望。

图书在版编目（CIP）数据

公共文化服务体制外人才队伍建设：以上海为例 /
甄杰著. -- 北京：社会科学文献出版社，2017.10
（华东政法大学65周年校庆文丛）
ISBN 978 - 7 - 5201 - 1405 - 9

Ⅰ.①公⋯ Ⅱ.①甄⋯ Ⅲ.①公共管理 - 文化工作 -
人才培养 - 研究 - 上海 Ⅳ.①G127.51

中国版本图书馆 CIP 数据核字（2017）第 226507 号

华东政法大学65周年校庆文丛

公共文化服务体制外人才队伍建设
——以上海为例

著　　者 / 甄 杰

出 版 人 / 谢寿光
项目统筹 / 杨桂凤　胡庆英
责任编辑 / 胡庆英　王洪洁

出　　版 / 社会科学文献出版社·社会学编辑部（010）59367159
　　　　　　地址：北京市北三环中路甲29号院华龙大厦　邮编：100029
　　　　　　网址：www.ssap.com.cn
发　　行 / 市场营销中心（010）59367081　59367018
印　　装 / 三河市尚艺印装有限公司

规　　格 / 开　本：787mm × 1092mm　1/16
　　　　　　印　张：10.75　字　数：164 千字
版　　次 / 2017 年 10 月第 1 版　2017 年 10 月第 1 次印刷
书　　号 / ISBN 978 - 7 - 5201 - 1405 - 9
定　　价 / 59.00 元